# জালালাবাদ থেকে কালারপোল

প্রকাশ রায়

# জালালাবাদ থেকে কালারপোল

প্রকাশ রায়

**Jalalabad Theke Kalarpole**
*by Prakash Roy*

প্রকাশ : মার্চ ২০২৫
গ্রন্থস্বত্ত্ব : প্রকাশ রায়
প্রচ্ছদ : প্রকাশ রায়
বর্ণসংস্থাপন : প্রকাশ রায়
প্রকাশক : Notion Press, Inc.
800, West El Camino Real #180,
California USA 94040

Notion Press Media Pvt Ltd,
#7, Red Cross Road,
Egmore, Chennai, Tamil Nadu 600008

বিনিময় মূল্য : ৩০০ টাকা

আমি প্রকাশ রায়, আমি আমার
বইটি চট্টগ্রাম যুব বিদ্রোহের সকল বীরের প্রতি
উৎসর্গ করছি -

"যাঁদের রক্তে সিক্ত হল ভারতের ধরণীতল,
যারা, যাবার আগে জাগিয়ে গেল দেশের তরুণ দল।"

যারা লড়াই করল বীরের মতো, চট্টগ্রাম থেকে জালালাবাদ, জালালাবাদ থেকে কালারপোল। সেই সকল বীরদের বীরগাথা যেনো ভুলে নাজাই আমরা, তারই প্রয়াস এই বইটির মাধ্যমে। 'বন্দেমাতরম।'

প্রকাশ রায়

# অবতরণিকা

ভারতবাসী একসময় ছিল পরাধীন, ব্রিটিশরা এই দেশে এসেছিল ব্যবসা বাণিজ্য করতে। কিন্তু এই দেশের ধন-সম্পদ দেখে তাঁরা এদেশেই থেকে গেলেন। কি করে এদেশের ধন-সম্পদ লুট করা যায়। এমন একটা সময় এলো দেশটাই তাদের অধীনে হয়ে গেল। এর পিছনে অনেক দেশদ্রোহীর হাত ছিল অবশ্যই।

ধীরে ধীরে সারা দেশেই শাসন চালাতে লাগলেন। তাদের গোলামী আর কত সইবে ভারতবাসী। তাদের বিরুদ্ধে লড়তে হবে, মাতৃভূমিকে মুক্ত করতে হবে। তাই গর্জে উঠেছিল তাদের বিরুদ্ধে মহাসংগ্রাম। নীল বিদ্রোহ থেকে শুরু করে সাঁওতাল বিদ্রোহ, মুন্ডা বিদ্রোহ আর ১৮৫৭ সালে সিপাহী বিদ্রোহ।

এভাবেই কেটে গেছে প্রায় একশোশো বছর। এরপরেই শুরু হলো 'অগ্নিযুগে।' জেগে উঠেছে দেশের তরুণ যুবকেরা। পাঞ্জাব থেকে মহারাষ্ট্র, মহারাষ্ট্র থেকে বিহার, বিহার থেকে ওড়িশা, ওড়িশা থেকে আসাম আর আসাম থেকে সমগ্র বাংলা। বিভিন্ন জায়গায় গড়ে উঠেছিল বিপ্লবী সংগঠন। তাদের মধ্যে একটি সংগঠন ছিল 'ইন্ডিয়ান রিপাবলিকান আর্মি।' "চট্টগ্রাম যুব বিদ্রোহ" আমরা সকলেই জানি মাস্টারদা সূর্যসেনের কথা। তারই আহ্বানে সাড়া দিয়েছিল কত নাম জানা-নাজানা তরুণ। ১৮ই এপ্রিল ১৯৩০ সাল, ঘটেছিল চট্টগ্রামে ব্রিটিশ সাম্রাজ্যের বিরুদ্ধে মহাবিদ্রোহ, তার পর জালালাবাদ পাহাড়ের মরণপণ লড়াই। সেই লড়াইয়ে প্রাণ হারান ১২ জন তরতাজা তরুণ যুবক। তাদের জীবনী তুলে ধরা হয়েছে এই বইটির মাধ্যমে। জালালাবাদ পাহাড়ের যুদ্ধের কিছুদিন পর শুরু হয় কালারপোলের যুদ্ধ, সেখানে প্রাণ হারান ৪জন তরুণ বিপ্লবী। এই কালারপোল যুদ্ধের তরুণ বিপ্লবীদের জীবনী তুলে ধরা হয়েছে এই বইটির মাধ্যমে। তাই বইটির নাম দেওয়া হয়েছে - "জালালাবাদ থেকে কালারপোল।" আছে আরও বেশ কয়েকজন বিপ্লবীর জীবন কাহিনী। আশা-করি পাঠক-পাঠিকাদের বইটি পড়ে ভালো লাগবে ও জ্ঞানের পিপাসা মেটাবে।

প্রকাশ রায়

# লেখক পরিচিতি

ছোটবেলা থেকেই তার স্বপ্ন ছিল, তিনি দেশের জন্য কাজ করবেন। তাই তার ইচ্ছা ছিল আর্মিতে যোগ দেওয়ার। প্রায় ৬-৭ বছর বয়স থেকেই দেশের বীর যোদ্ধা ও স্বাধীনতা সংগ্রামীদের জীবনী সমন্ধে জানার ইচ্ছা ছিল তার। আমাদের এই লেখকের নাম হলো প্রকাশ রায়। তার জন্ম হয় ১৪ই মার্চ ১৯৯৬ সালে পশ্চিমবঙ্গের জলপাইগুড়ি জেলার সাতভেন্ডী গ্রামে। প্রথম শিক্ষা অর্জন করেন পানবাড়ি বর্মনপারা আর আর স্কুলে, তার পর তিনি পানবাড়ি ভবানী হাই স্কুলে ভর্তি হন।

সংসারিক অনটনের বিরুদ্ধে লড়াই করে অনেক পড়ার চেষ্টা করেন, কিন্তু সংসারিক অনটনের সামনে তাকে পরাজয় স্বীকার করতে হলো। হলো না তার স্বপ্ন পূরণ, রয়ে গেলো তার একটা স্বপ্ন। ধীরে ধীরে তিনি সোস্যাল মিডিয়ার মাধ্যমে দেশের মানুষকে জানাতে শুরু করলেন কারা দেশের জন্য বলিদান দিয়েছেন। আমরা তো সকল দেশপ্রেমিকের কথা জানি না, তাই তিনি সকল দেশপ্রেমিকদের কথা সকলের কাছে তুলে ধরার চেষ্টা করেন।

ধীরে ধীরে তিনি অনেকের মন জয় করলেন সোস্যাল মিডিয়ায় এবং পাঠকদের কথা মতো তিনি বই লিখতে শুরু করলেন। শুরু হলো তাঁর বই লেখা, তিনি তাঁর প্রথম বইয়ের নাম দিলেন 'ক্ষমা নেই দেশদ্রোহী।'

প্রকাশ রায়

আমি শহর থেকে অনেক দূরে থাকি, এ বিষয়ে অনেক আমাকে সাহায্য করেছেন। অনেকে বিপ্লবীদের ছবি দিয়ে সাহায্য করেছেন তাদের সকলের প্রতি রইল আমার অসীম কৃতজ্ঞতা।

জালালাবাদ থেকে কালারপোল
বইয়ের তথ্যসূত্র:--

**বাংলা বই**

- ☐ চট্টগ্রাম বিপ্লবের বহ্নিশিখা - শচিন্দ্রনাথ গুহ
- ☐ চট্টগ্রাম যুব বিদ্রোহ - অনন্ত সিং প্রথম খণ্ড
- ☐ চট্টগ্রাম বিদ্রোহের কাহিনী - আনন্দ প্রসাদ গুপ্ত
- ☐ চট্টগ্রাম বিপ্লব - মনোরঞ্জন ঘোষ
- ☐ মুক্তির সোপান জালালাবাদ - শ্রী সুরেশ দে
- ☐ মাস্টারদা সূর্য সেন - স্বপন মুখোপাধ্যায়
- ☐ নির্বাচিত বিপ্লবীদের ছেলেবেলা - পৃথিরাজ সেন

**লেখকের অন্য বই**

1. ক্ষমা করে দেশদ্রোহী

# সূচিপত্র

# চট্টগ্রাম যুব বিদ্রোহের অন্যতম বিপ্লবীরা

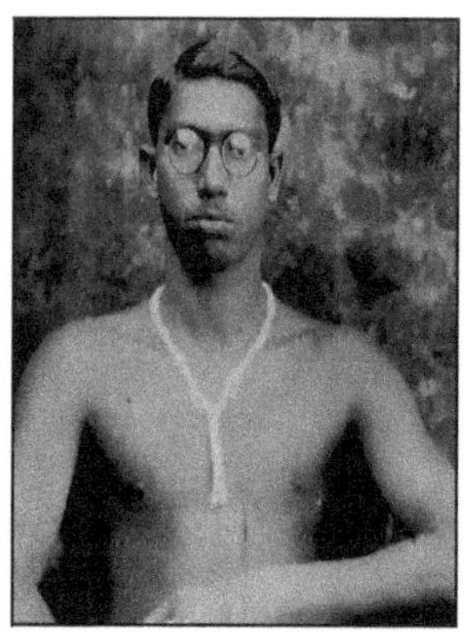

অনন্ত সিং

লোকনাথ বল

জালালাবাদ থেকে কালারপোল

গণেশ ঘোষ

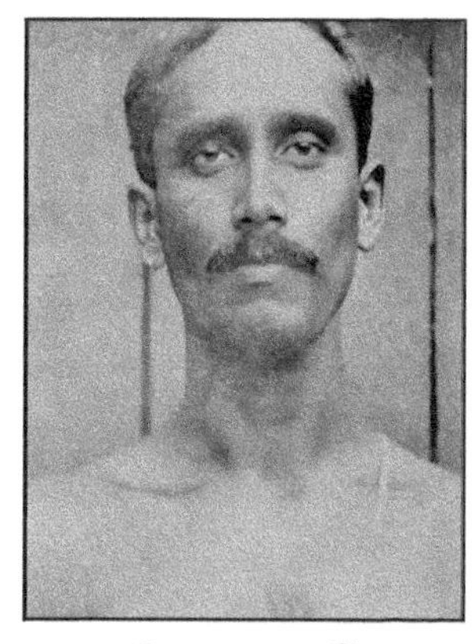

অম্বিকা চক্রবর্তী

# চট্টগ্রাম যুব বিদ্রোহের নায়ক
## মাস্টারদা সূর্য সেন

মাস্টারদা সূর্যসেন এমন একজন বাঙালি বিপ্লবী যিনি প্রতিটি বাঙালির মনে-প্রাণে স্থান করে নিয়েছেন। চট্টগ্রাম অস্ত্রাগার আক্রমণের মহানায়ক ছিলেন তিনি। তিনি একজন শিক্ষক ও সাথে বিপ্লবী দলের সঙ্গে যুক্ত ছিলেন। শিক্ষকের জন্যেই তাকে 'মাস্টারদা' বলে ডাকা হতো। অসাধারণ ছিল তার সংগঠন শক্তি ও দৃঢ়তা। চলো অতি সংক্ষেপে শুনে নেওয়া যাক মাস্টারদা সূর্যসেনের কথা।

সূর্য সেন এর জন্ম হয়েছিল ২২শে মার্চ ১৮৯৪ সালে চট্টগ্রাম জেলার নোয়াপাড়া গ্রামে। তার পিতার নাম ছিল রাজমনি সেন ও মায়ের নাম ছিল শশিবালা সেন। সূর্য সেন তাদের পরিবারের চতুর্থ সন্তান। মাত্র পাঁচ বছর বয়সে পিতার মৃত্যু হয়। শৈশবে পিতা মাতাকে হারানো সূর্য সেন কাকা গৌরমনি সেনের কাছে মানুষ হয়েছেন। সূর্য সেন ছোটবেলা থেকেই ছিলেন দুষ্টু স্বভাবের। তবে সূর্য সেন ছেলেবেলা থেকেই খুব মনোযোগী ও ভাল ছাত্র ছিলেন এবং ধর্মভাবাপন্ন গম্ভীর প্রকৃতির ছিলেন।

কারো বিপদে-আপদে চুপ করে থাকতেন না। সবসময় মানুষের পাশে দাঁড়াতেন। তাই তাঁকে নিয়ে বয়স্করা বলতেন, এই ছেলে বড়ো হয়ে দেশ ও দেশের নাম উজ্জ্বল করবেন। কিন্তু এই ভবিষ্যৎবাণী সত্যি হয়েছিল।

একসময় চট্টগ্রামের হাইস্কুলের শিক্ষকতা করেন তিনি। ঠিক সেই সময়ে স্কুল কলেজের ছাত্রদের নিয়ে বিপ্লবী দল তৈরি করেন। ১৯১৯

সালে জালিয়ানওয়ালা বাগে ঘটে গেলো নিরস্ত্র মানুষের ওপর গুলি বর্ষন। এর প্রতিবাদে রবীন্দ্রনাথ ঠাকুর "নাইট উপাধি" ত্যাগ করেন। সারা দেশে ছড়িয়ে পড়লো বিপ্লবের ঢেউ। এ সময় মাস্টারদার একটাই কথা, ব্রিটিশদের শিক্ষা দিতে হলে একমাত্র অস্ত্রের প্রয়োজন। এই বিপ্লবী দলে যোগ দিলেন বহু তরুণ যুবক, অম্বিকা চক্রবর্তী, অনন্ত সিং, গণেশ ঘোষ, লোকনাথ বল, নির্মল সেন, তারকেশ্বর দস্তিদার ও প্রীতিলতা ওয়াদ্দেদার এর মতো বিপ্লবীরা।

সশস্ত্র সংগ্রামের জন্য চাই অর্থ, কথা থেকে আসবে। মাস্টারদার আদেশ অনুসারে সরকারি খাজনা লুট করতে হবে। ২৩শে ডিসেম্বর ১৯২৩ সাল। বিপ্লবীরা রেলকোম্পানির গাড়ির টাকা লুট করে জঙ্গলের দিকে পালিয়ে যান। পুলিশ তাদের পেছনে তারা করছে, এবারের মতো তাঁরা আত্মগোপন করতে সমর্থ হন। বেশ কিছু দিন কেটে গেল। এরপর নতুন করে আবার পরিকল্পনা করতে লাগলেন। গঠিত করলেন একটি বিপ্লবী দল। তিনি ঠিক করলেন এবার একসাথে সরকারি অস্ত্রাগার, অন্যান্য যোগাযোগের ব্যবস্থা গুলিতেও আক্রমন করতে হবে। দিন ঠিক করলেন ১৮ই এপ্রিল ১৯৩০ সাল। এই ছিল সেই ঐতিহাসিক আক্রমণ, চট্টগ্রাম অস্ত্রাগার আক্রমণ। এলো সে দিন, বেরিয়ে পড়লো ৫০-৬০ এর ও বেশী তরুণ যুবক। শুরু হলো আক্রমণ, রেলপথ, টেলিফোন এক্সচেঞ্জ নষ্ট করে দেওয়া হলো। লুট করা হলো ব্রিটিশদের অস্ত্রাগার।

সেখানেই শুরু হয় ব্রিটিশ পুলিসের সঙ্গে খণ্ডযুদ্ধ, সেই যুদ্ধে তাঁরা যথেষ্ঠ সফল হন। সূর্য সেনের নেতৃত্বে চট্টগ্রাম শহর বেশ কয়েকদিন ব্রিটিশমুক্ত ও স্বাধীন ছিলেন। কিন্তু বিপ্লবীরা পিছু হাটতে বাধ্য হয়। রাতের অন্ধকারে বেরিয়ে গেলেন পাহাড়ের জঙ্গলে। শেষে জালালাবাদ পাহাড়ে গিয়ে আশ্রয় নেন বিপ্লবীরা। দিনটি ছিল ২২শে এপ্রিল চট্টগ্রাম আক্রমণের ঠিক চার দিন পর, ব্রিটিশ সেনাবাহিনী ও বিদ্রোহীদের সম্মুখীন যুদ্ধ শুরু হয়। সেই যুদ্ধে ১২ জন বিপ্লবী মৃত্যুবরণ করেন।

শেষে এখন থেকেও তাদের পিছু হাটতে হয়। এরপরেও তারা দীর্ঘ তিন বছর গেরিলা যুদ্ধ চালায়।

পুলিশ তখন তন্ন তন্ন করে খুঁজে বেরোচ্ছেন মাষ্টারদাকে। ঘোষণা করলেন মাস্টারদাকে ধরিয়ে দিতে পারলে দশ হাজার টাকা পুরস্কার হিসেবে দেওয়া হবে। বেশ কয়েকবার মাস্টারদা গ্রেপ্তারের হাত থেকে অলৌকিক ভাবে রক্ষা পেয়েছেন।

কিন্তু শেষ রক্ষা আর হলো না। সে সময় মাস্টারদা গ্রামের একটি বাড়িতে আত্মগোপন করে ছিলেন। বিশ্বাসঘাতকের কারণে ধরা পড়লেন মাস্টারদা সূর্যসেন, দিনটি ছিল ১৬ই ফেব্রুয়ারি ১৯৩৩ সাল। এবার বিচারের রায় মাস্টারদার সহকর্মী তারকেশ্বর দস্তিদারের ফাঁসির হুকুম ও কল্পনা দত্তের যাবজ্জীবন কারাদণ্ডাদেশ দেন। আর আমাদের মাস্টারদা সূর্যসেনের বিচারের রায় বেরিয়ে এলো মৃত্যুদণ্ড।

এলো সেই দিন ১২ই জানয়ারি ১৯৩৪ সাল। মাস্টারদা সূর্যসেনকে ফাঁসির মঞ্চে উপস্থিত করার আগে চলল তার ওপর অকথ্য অত্যাচার। হাতুড়ি দিয়ে তার দাঁতের ছাওয়াল ভেঙে দেন কুখ্যাত কসাই ব্রিটিশরা। সেখানেই প্রায় মৃত মাস্টারদা। অজ্ঞান অবস্থায় তাকে ফাঁসির দড়িতে ঝুলিয়ে দেওয়া হয়। তার সঙ্গে তারকেশ্বর দস্তিদারের ফাঁসি হয়ে যায়। তারই আদর্শে ফাঁসির মঞ্চে জীবনের জয়গান গেয়েছেন অনেক তরুণ যুবক।

ফাঁসির কয়েকঘন্টা আগে জেলে বসে মাস্টারদা একখানা শেষ চিঠি লিখলেন ইংরেজিতে। তার বাংলা অনুবাদ হুবহু উদ্ধৃত করা হলো - "আমার শেষ বাণী - আদর্শ ও একতা। ফাঁসির রজ্জু আমার মাথার উপর ঝুলছে। মৃত্যু আমার দরজায় কড়াঘাত করছে। মন আমার অসীমের পানে ছুটে চলেছে। আমার সাধনার সময়। বন্ধুরূপে মৃত্যুকে আলিঙ্গন করার এইতো সময়। ভুলে আসা দিনগুলিকেও স্মরণ করার এইতো সময়।

কত মধুর তোমাদের সকলের স্মৃতি। তোমরা, আমার ভাই বোনেরা, তোমাদের মধুর স্মৃতি বৈচিত্র্যহীন আমার এই জীবনের একঘেয়েমিকে ভেঙ্গে দেয়। উৎসাহ দেয় আমাকে। এই সুন্দর পরম মুহূর্তে আমি তোমাদের জন্য দিয়ে গেলাম স্বাধীন ভারতের স্বপ্ন। আমার জীবনের এক শুভ মুহূর্তে এই স্বপ্ন আমাকে অনুপ্রাণিত করেছিল। জীবনভোর উৎসহভরে ও অক্লান্তভাবে পাগলের মত সেই স্বপ্নের পিছনে আমি ছুটেছি। জানি না কোথায় আজ আমাকে থেমে যেতে হচ্ছে। লক্ষ্যে পৌঁছানোর আগে মৃত্যুর হিমশীতল হাত আমার মত তোমাদের স্পর্শ করলে তোমরাও তোমাদের অনুগামীদের হাতে এই ভার তুলে দেবে, আজ যেমন আমি তোমাদের হাতে তুলে দিয়ে যাচ্ছি। আমার বন্ধুরা - এগিয়ে চল, এগিয়ে চল - কখনো পিছিয়ে যেওনা। পরাধীনতার অন্ধকার দূরে সরে যাচ্ছে। ঐ দেখা যাচ্ছে স্বাধীনতার নবারুণ। কখনো হতাশ হয়ো না। সাফল্য আমাদের হবেই। ভগবান তোমাদের আশীর্বাদ করুন।"

আজ মাস্টারদা সূর্য সেন মৃত্যুঞ্জয়ী বীরের প্রতি রইলো শতকোটি প্রণাম।

# চট্টগ্রাম অস্ত্রাগার আক্রমণের বীর যুবক হিমাংশু সেন (আশু)

হিমাংশু সেন ছিল আনন্দ গুপ্তের সমবয়সী। ছোটবেলায় মাইনর স্কুলে তারা একসঙ্গে পড়াশোনা করেছিলেন। তখন থেকেই হিমাংশু খেলাধুলায় কি মারামারি, সহজে হার মানতেন না। ঘোড়ায় চড়া, বন্দুক ছোড়া এই সব বিষয়ে তার দক্ষতা ছিল অসাধারণ।

১৮ই এপ্রিল ১৯৩০ সাল, হাতে মাএ আর দু'ঘন্টা বাকি। এখনো একটি গাড়ির জোগাড় করা হলো না। যে করেই হোক এই সময় একটি মোটর গাড়ী জোগাড় করতেই হবে। অনন্ত ছুটলেন গণেশের বাড়ির রাস্তায়। যেতে যেতে টেলিগ্রাফ অফিসের সামনে অম্বিকা চক্রবর্তীর সঙ্গে সাক্ষাৎ। অনন্ত সমস্যার কথা খুলে বললেন। অম্বিকা এই সমস্যার কথা গুরুত্ব দিয়ে বললেন - "কিচ্ছু ভাববার নেই - সব ঠিক হয়ে যাবে। আমার বিশ্বাস তোমরা কোন একটা গাড়ি জোগাড় করতে পারবে। সময় নেই, ছুটে যাও - আমরা এখানে নিরাপদে অপেক্ষা করছি।"

আনন্দ ও অনন্ত আবারও স্পিডে ছুটে চলেন। রাস্তায় তুলে নিলেন হিমাংশুকে। হিমাংশু সমস্ত ঘটনা শুনল ও তাঁর জন্য আক্রমণের সময় দু'ঘন্টা পিছিয়ে দেওয়া হয়েছে তাও জানতে পারল। এই সমস্ত ঘটনা শুনে হিমাংশু বিচলিত হয়ে বললেন - "এতদিন ধরে কি সুন্দরভাবে কাজ গুলি গুছিয়ে আনছেন আপনারা! এই শেষ মুহূর্তে গাড়ির সমস্যা ও আক্রমণের

সময়ও পিছিয়ে গেল। আমার কোনটাই ভালো লাগছে না। আমি বড় অস্বস্তিবোধ করছি।"

তরুণ হিমাংশু সাহস ও বিক্রমে কম ছিলেন না। পুলিশ লাইন আক্রমণকারী পাঁচজনের মধ্যে হিমাংশুই প্রথমে নির্বাচিত হয়েছেন। অনন্ত ও গণেশের পাশে থেকে হিমাংশু সাহসের সঙ্গে আক্রমণ করেন। বন্দুকের গুলির সামনে দাঁড়াবার সাহস সকলের থাকে না। সেই হিমাংশু হাসতে হাসতে প্রাণও দিতে পারেন।

হিমাংশুর অস্বস্তিবোধ দুর করার জন্য অনন্ত সিং বললেন - "আশু, (হিমাংশুর ডাক নাম) দেখো, আমাদের পথ দুর্গম ও বিপদসঙ্কুল। আঁকা-বাঁকা পথে চলতে হবে আমাদের। সর্বদা Smooth Sailing (শান্ত সমুদ্র পথ) ভাবাটা মূর্খের কাজ। রণকৌশল প্রধান শিক্ষা - যত কঠিন সমস্যাই হোকনা কেন, তার সমাধান করতেই হবে। বিচলিত হলে চলবে না। সংগঠনের এইরূপ সার্বিক শক্তির অধিকারী যারা, তাদের এই সামান্য একটা সমস্যার জন্য হার মানা শোভা দেয় না।" আরও অনেক কথা বলে বোঝাতে চেষ্টা করলেন অনন্ত হিমাংশুকে।

অনন্তর কথা শুনে হিমাংশু বুঝতে পারলেন। হিমাংশু তার ত্রুটি বুঝতে পেরে অনন্তকে বাঁধা দিয়ে বললেন - "আমার ভুল হয়ে গেছে। বিপ্লবী সৈনিকের এই মূল গুনটিই আমি সাময়িকভাবে হারিয়ে ফেলেছি। কেবল মৃত্যুকে তুচ্ছ করার সাহসই সব নয় - সমস্যা সমাধান করার দৃঢ়তাও অপরিহার্য। বলুন কি করতে হবে।" অনন্ত খুশি হয়ে বলল - "এইতো চাই!" অনন্তের সঙ্গে যোগ দিয়ে আনন্দ গুপ্তও বলল - "এই না হলে কি আশু!"

বলতে বলতে গণেশের বাড়ি পৌঁছে গেলেন। গণেশ বলল - "একটাও ট্যাক্সি পাওয়া যাচ্ছে না। সব নিখিন-বঙ্গ মুসলিম কনফারেন্সে নিযুক্ত আছে। আনন্দ গুপ্ত সে সময় গাড়ি নিয়ে ফিরে যাবেন অম্বিকা চক্রবর্তীর কাছে। অনন্ত হিমাংশুকে আনন্দ গুপ্তের সঙ্গে যেতে বললেন। আনন্দ লালদীঘির কাছে ট্যাক্সি স্ট্যান্ডে হিমাংশুকে নামিয়ে দেবেন। অনন্ত

হিমাংশুকে খুব গুরুত্বের সঙ্গে বলল - "যে কোন উপায়ে হোক - যে কোন মূল্যের বিনিময়ে একটি ট্যাক্সি তোমাকে আনতেই হবে। তোমাকে একঘন্টার মধ্যে ট্যাক্সি নিয়ে, নাহয় সাড়ে ন'টার পরে এখানে আসতে হবে (গণেশ ঘোষের বাড়িতে)। মনে রেখো, Impossible is the word found in the dictionary of fools!"

অনন্তের কথা হিমাংশু বুঝতে পেরেছে মর্মে মর্মে। অনন্ত সিংহের কথা শেষ হতে না হতেই আনন্দ বলল - "ও নিশ্চয়ই একতা ট্যাক্সি আনবেই আনবে।" "কিরে আশু, পারবি না - নিশ্চয়ই পারবি।" যাবার সময় হিমাংশু দৃঢ়তার সঙ্গে সবাইকে বলল - যেকোনো উপায়ে নির্ধারিত সময়ের মধ্যে সে একটা ট্যাক্সি যেখান থেকেই হোকনা কেন নিয়ে আসবেই। এরপর রওনা দিলেন লালদীঘির দিকে।

শুরু হলো চট্টগ্রাম অস্ত্রাগার আক্রমন। পর পর দু'বার ব্রিটিশ বাহিনী ও বিপ্লবীদের মধ্যে খণ্ডযুদ্ধ হয়, দু'বারই পরাজিত হয়েছে ব্রিটিশ বাহিনী। বিপ্লবীদের কারো গায়ে একটু আঁচড়ও লাগলো না। এবার সময় নষ্ট করে লাভ নেই, শত্রুপক্ষ যত বেশি সময় পাবে - ততো বেশি সুযোগ পাবে।

মাস্টারদা আদেশ দিলেন - "পেট্রোল ঢালো - আগুন দাও!" হিমাংশু আরও একজন মিলে পেট্রোল ছড়াতে লাগলেন, সমস্ত আর্মারি, গার্ডরুম ও ম্যাগাজিনরুমে ভালো করে পেট্রোল ছড়ানো হলো। হিমাংশু এবারে আগুন দেবে, পেট্রোলসিক্ত আর্মারির প্রাঙ্গণে দাঁড়িয়ে ম্যাচ জ্বালিয়ে আগুন দিতে গেলো। হিমাংশুর পোশাকও বেশ ভেজা ছিল পেট্রোল দিয়ে, অতি উৎসাহী তরুণের সেদিক খেয়াল ছিল না। আগুন দিতেই আর্মারি, গার্ডরুম ও ম্যাগাজিনরুম ধপ করে শব্দ হয়ে জ্বলে উঠলো। ঠিক তেমন ভাবেই হিমাংশুর শরীর ক্ষণিকের পলকে জ্বলে উঠলো। হিমাংশুকে আর আগুনের ভিড়ে দেখা যাচ্ছে না। তার আর্তনাদ শোনা যাচ্ছে, এদিক-ওদিক ছুটছে। নরেশ রায় ও বিধু ভট্টাচার্য দু-জনেই ছিল পাশ করা ডাক্তার। ছুটে গেলেন হিমাংশুর কাছে। কিন্তু কোন উপায় নেই

আগুন নেভানোর। অন্য কোন উপায় না দেখে নরেশ আর বিধু হিমাংশুকে মাটিতে শুয়ে গড়াতে বলল। হিমাংশু তাই করলো এবং নরেশ আর বিধু আগুন নেভাতে এগিয়ে গেলেন।

প্রায় এক মিনিট ধরে হিমাংশু আগুনে দগ্ধ ছিল। ক্ষত যে কতখানি বিপ্লবীরা কেউ অনুমান করতে পারেনি। অনন্ত সিং, গণেশ ঘোষ ও মাখন ঘোষাল মিলে হিমাংশুকে গাড়িতে তুলে বাড়ির দিকে রওনা দিলেন। আনন্দের বাড়ির কাছেই নামিয়ে দিলেন হিমাংশুকে। হিমাংশুর বাড়ির কাছেই আনন্দের বাড়ি। গাড়িতে তার গোঙানির কোন শব্দ পাওয়া গেলো না। নিজ ভুলের জন্য হয়ত হিমাংশুর পরিতাপের সীমা ছিল না। তাই তিনি হয়ত আগুনে পোড়ার জ্বালাও মুখ বুজে সহ্য করেছিল।

হিমাংশু নীরবে নেমে গেলো। গণেশ, অনন্ত ও মাখন কেউ তাকে সান্তনা দিলেননা - বিদায়ও জানালেন না। ব্যস্থতার মধ্যে ভুলে গেছেন বিদায় জানাতে।

১৯শে এপ্রিল মৃতপ্রায় হিমাংশু বন্দি হলেন পুলিশের হাতে। বন্দি করা মাত্রই চিকিৎসার জন্য পাঠানো হলো চট্টগ্রাম জেল হাসপাতালে। কিন্তু ততক্ষণে হিমাংশুর অবস্থা চিকিৎসার বাইরে চলে গেছে। শেষে ২০ই এপ্রিল, হাসপাতালে বীরের মৃত্যুবরণ করেন হিমাংশু সেন।

# জালালাবাদ যুদ্ধের বীর তরুণ

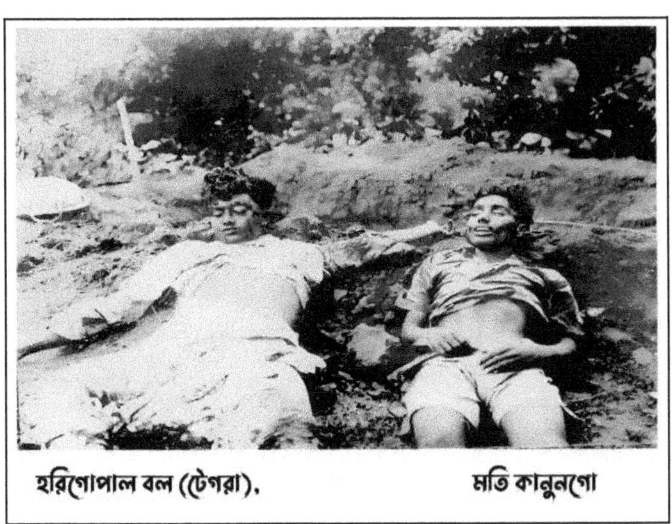

হরিগোপাল বল (টেগরা), মতি কানুনগো

নরেশ রায়, ত্রিপুরা সেন, বিধু ভট্টাচার্য

# জালালাবাদ যুদ্ধের বীর তরুণ

জিতেন দাস, মধু দত্ত, পুলিন ঘোষ

প্রভাস বল, শশাঙ্ক দত্ত, নির্মল লালা

# জালালাবাদ যুদ্ধের বীর তরুণ

নরেশ রায়

ত্রিপুরা সেন

জালালাবাদ
থেকে
কালাপোল

হরিগোপাল বল

প্রভাস বল

# জালালাবাদ যুদ্ধের বীর তরুণ

অর্ধেন্দু দস্তিদার

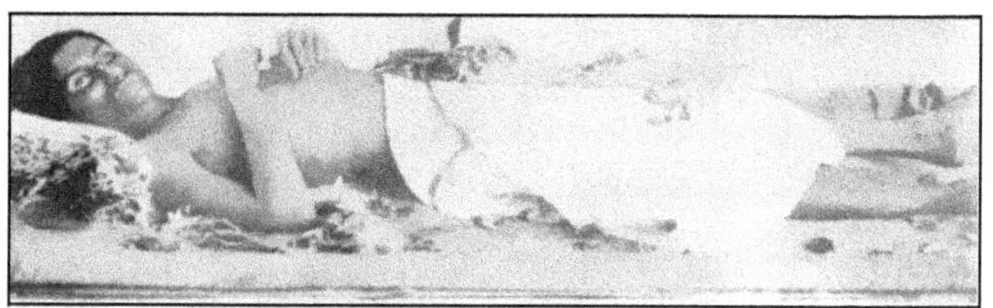

অর্ধেন্দু দস্তিদার

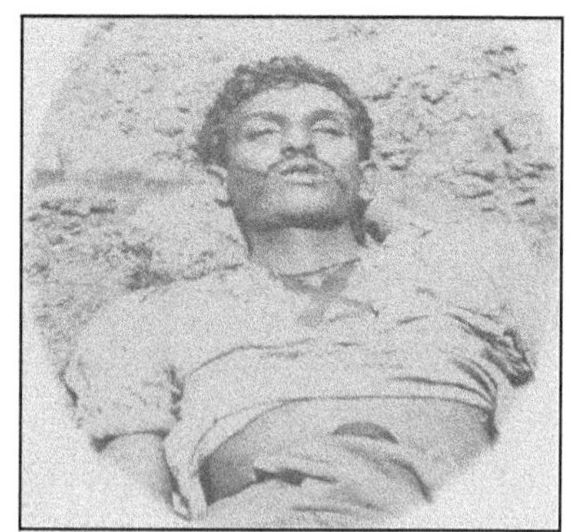

মধু দত্ত

# হরিগোপাল বল
## (টেগরা)

সেই ঐতিহাসিক দিনটি ছিল ১৮ই এপ্রিল ১৯৩০ সাল, মাস্টারদা সূর্যসেনের নির্দেশ অনুসারে আক্রমন করা হয় চট্টগ্রাম অস্ত্রাগারে। এই ১৮ই এপ্রিল বাঙালির মনে প্রাণে সর্বদা মনে থাকবে, বেশ কয়েকদিন তারা চট্টগ্রামকে ব্রিটিশদের কাছ মুক্ত রাখতে পারেন। ঠিক চারদিন পর শুরু হয় জালালাবাদের ভয়ংকর যুদ্ধ, এই সম্মুখীন যুদ্ধে প্রাণ হারান বেশ কয়েকজন তরুণ যুবক। এমনই এক তরুণ যুবকের কথা বলতে চলেছি। তার নাম হরিগোপাল বল (টেগরা), চট্টগ্রামের বিপ্লবী নেতা লোকনাথ বলের ছোটভাই ইনি। হরিগোপাল বল এর জন্ম হয়েছিল চট্টগ্রামের ধোরালার পাথর ঘাটায়। তার পিতার নাম ছিল প্রাণকৃষ্ণ বল। মিউনিসিপ্যাল স্কুলে পড়াশোনা করতেন, দায়িত্বশীল সরকারি কর্মচারী প্রাণকৃষ্ণ বলের ছোট ছেলে টেগরাকে কঠোর শাসনের মধ্যে বড়ো হতে হয়েছে।

এরই মধ্যে যোগাযোগ রাখলেন মাস্টারদা সূর্যসেনের বিপ্লবী দলে। টেগরাকে দেখতে যেমন সুন্দর ছিল, বুদ্ধিতেও তেমন চটপটে। ধীরে ধীরে বিপ্লবী নেতাদের মনে স্থান করে নিয়েছেন। বিপ্লবী নেতা মাস্টারদা সূর্যসেনের লক্ষ্য ছিল চট্টগ্রাম অস্ত্রাগারে আক্রমণ করতে হবে। অস্ত্রের দরকার ব্রিটিশদের বিরুদ্ধে লড়াই করতে হলে। একদল তরুণ যুবককে দায়িত্ব দেওয়া হলো ইউরোপীয়ান ক্লাব আক্রমণের জন্য। সেখানে থাকতেন বড় বড় ব্রিটিশ সাহেবরা। ব্রিটিশ সাহেবরা হৈ-হুল্লোড়ে মেতে ওঠে সন্ধ্যার পর সেখানে।

মাস্টারদার স্বপ্ন ছিল এই ইউরোপীয়ান ক্লাবকে ধ্বংস করতে হবে। বেছে নিলেন টেগরা সহ আরো কয়েকজন বিপ্লবী যুবককে। ১৮ই এপ্রিল ১৯৩০সাল, সেদিন সকলে চলে গেলেন ইউরোপীয়ান ক্লাবের দিকে।

কিন্তু গুড ফ্রাইডে থাকায় ইউরোপীয়ান ক্লাব সেদিন বন্ধ ছিল। তাই সেদিন তাঁরা ক্ষুণ্ণ মনে ফিরে আসেন। চট্টগ্রাম অস্ত্রাগার আক্রমণের পর তাঁরা রাতের অন্ধকারে বেড়িয়ে পড়েন নিরাপদ আশ্রয়ের জন্য। শহর থেকে কয়েক মাইল দূরে ছিল জালালাবাদ পাহাড়, সেখানেই তাঁরা আশ্রয় নিলেন।

খাওয়া নেই, ঘুম নেই, পিপাসায় ফেটে যাচ্ছে বুক। পাহাড়ের নীচে একটু দূরে জল আছে, কিন্তু সেখানে যাওয়া বিপর্যয়। সেখানে গেলে কারো নজরে পড়তে পারেন। টেগরা একসময় দাদা লোকনাথ বলকে বললেন - "বড্ড খিদে পেয়েছে, সোনাদা।" দলের অন্যতম সভাপতি ছিলেন লোকনাথ বল। তিনি বললেন - "ছিঃ ভাই, বিপ্লবীদের অত কাতর হলে চলবে কি করে?"

দিনটি ছিল ২২শে এপ্রিল, ব্রিটিশবাহিনী ও বিদ্রোহীদের মধ্যে শুরু হলো ঐতিহাসিক যুদ্ধ। বারুদের ধোঁয়ায় চারদিক যেনো অন্ধকার, তবুও যুদ্ধ বিরতির কোন নাম নেই। শত্রুর মেশিনগান কেনো এখনো স্তব্ধ হচ্ছে না? পাহাড়ের টিলার ওপর থেকে মেশিনগানের মুখে আগুনের ঝলক দেখা যাচ্ছে। টেগরা ভুলে গেছেন নিজের আত্মরক্ষার কথা, ভুলে গেছে সামরিক নীতি। মৃত্যুর ভয় নেই, টেগরা মেশিনগানের মুখে আগুনের ঝলক লক্ষ করে গুলি চালাচ্ছেন। শুয়ে লক্ষ স্থির করা যাচ্ছে না বলে, মাঝে মাঝেই লাফিয়ে উঠে গুলি করছেন। নির্মল দেখতে পেয়ে চেঁচিয়ে বললেন - "এ কি করছিস? দাঁড়িয়ে ফায়ার করছিস কেন?" টেগরা উত্তরে বলেন - "ব্রিটিশদের মেশিনগান স্তব্ধ করতে হবে।"

নির্মল নির্ভীক টেগরাকে নিজ বুদ্ধি, ইচ্ছা ও সাহসের ওপর নির্ভর করে যুদ্ধ করার পূর্ণ স্বাধীনতা দিলেন। শুধু মাএ একটু সাবধান করে দিনেল। মেশিনগানের গুলি ঝাঁকে ঝাঁকে ধেয়ে আসছে, টেগরা তখন বেপরোয়া। যুদ্ধে বিজয়ের জন্য যেমন রণনীতি ও কৌশল প্রয়োজন, তেমনি সাহস, বিক্রম ও সৈনিকের morale-ও তাঁর চেয়ে কম প্রয়োজনীয় নয়।

টেগরার হাতের বন্দুকে গর্জে গর্জে উঠছে সিংহের মতো, লাফিয়ে লাফিয়ে গুলি করতে লাগলেন। শেষ বারে টেগরা আর রক্ষা পেলো না। মেশিনগানের এক ঝাঁক গুলি এসে টেগরাকে ক্ষত-বিক্ষত করে বেড়িয়ে গেলো। মেশিনগানের গুলি যেনো টেগরাকে বীরত্বের মালা পরিয়ে দিতে অভ্যর্থনা জানাল।

সমস্ত শরীর রক্তে ভেজা টেগরা মাটিতে পড়ে গেলো। তখনও শক্ত করে বন্দুকটি ধরে আছে, চোঁখ দুটি খোলা। কিছু বলতে চাইছে কিন্তু বলতে পারছে না। খুব কষ্টে দাদা লোকনাথ বলকে উদ্দেশ্য করে বললেন - "সোনাদা আমি চললাম, মাস্টারদা বিদায়! ভাই সব শত্রুকে....।" আর কিছু বলতে পারলেন না। হয়তো বলতে চেয়েছিল - "শত্রুকে ক্ষমা নাই, তাদের প্রতি কোন দয়া নয়া নাই।" সমস্ত জালালাবাদ পাহাড়ে প্রতিধ্বনিত হলো - "দয়া নাই, মায়া নাই - শত্রুকে ক্ষমা নাই।"

"সোনাদা আমি চললাম" - "টেগরার ক্ষীরকন্ঠের ডাক দাদা লোকনাথ বলের কানে পৌঁছে ছিল। সে সময় লোকনাথ জবাব দিলেন - " যুদ্ধ ক্ষেত্রে সোনাদা বলে কেউ নেই। আমরা সোনিক, আমাদের কর্তব্য 'do or dea'! বীরের মতো প্রাণ দাও।"

নিজের স্থান থেকে একটুকু নড়েনি, বিচলিতও হননি। চারদিক থেকে বন্ধুরা বলে উঠল - "টেগরা আমাদের ছেড়ে চলে গেছেন, টেগরা আর আমাদের মধ্যে নেই।" একসঙ্গে সকলের কন্ঠে আকাশ-বাতাস ধ্বনিত - "Long Live Tegra! Long Live Revolution! Long Live Revolutionary Tegra! বন্দেমাতরম।"

জালালাবাদ পাহাড়ের যুদ্ধে প্রথম মৃত্যুবরণ করে টেগরা। বলে গেলেন - "শত্রুর ক্ষমা নাই" জাগিয়ে তুলল সবাইকে। আনুমানিক মৃত্যুর সময় তাঁর বয়স হয়েছিল মাত্র ১৪ বছর।

# ত্রিপুরা সেন

জালালাবাদ পাহাড় যাদের রক্তে লাল হয়েছে, সে সকল বীরদের আজ অনেকেই আমরা মনে রাখার চেষ্টা করিনা। হ্যাঁ সেই চট্টগ্রাম থেকে জালালাবাদ যুদ্ধের কথা বলছি। যার মহানায়ক ছিল মাস্টারদা সূর্য সেন, তারই নেতৃত্বে আক্রমণ করা হয়েছে চট্টগ্রাম অস্ত্রাগার। জালালাবাদ যুদ্ধে অংশগ্রহণ করে যারা মৃত্যুবরণ করেছেন তাদের মধ্যে একজন হলেন ত্রিপুরা সেন।

ত্রিপুরা সেন জন্মগ্রহণ করেন ১৯১৩ সালের ২২মে ঢাকা জেলার বিক্রমপুর পরগনার সোনারঙ্গ গ্রামে। তার পিতার নাম ছিল নিবারণচন্দ্র সেন। মিউনিসিপ্যাল স্কুলে পড়াশোনা করতেন, ছাত্রটি এক সময় সেচ্ছাসেবক বাহিনীর ব্রিগেডিয়ার এর ইউনিফর্ম পরতেন ঠিক মনে হতো এক ব্রিটিশ কর্মকর্তা, চেনা মুস্কিল হয়ে যায় সকলের। সদরঘাট ক্লাবের উৎসাহী তরুণ সদস্যদের মধ্যে তিনিও ছিলেন একজন। যেমনি লম্বা শরীর ৫ ফুট ৮ ইঞ্চি, তেমনি ফর্সা চেহারা, খুব সুন্দর দেখতেও। যেমন শান্তশিষ্ট ছিলেন ত্রিপুরা, তেমনি বুদ্ধিতে ছিল অসাধারণ।

ত্রিপুরা যখন নবম শ্রেণীর ছাত্র ছিল তখন থেকেই তার সংগঠন করার ক্ষমতা ছিল অনেক। মিউনিসিপ্যাল স্কুলের সমস্ত ছাত্রর ওপর ছিল তার প্রভাব। স্বাধীনতা সংগ্রামের মহান বিপ্লবী যতীন দাসের মৃত্যুদিবস হিসেবে ঘটে গেলো এক চাঞ্চল্যকর দৃশ্য। সেদিন প্রায় স্কুল বন্ধ ছিল, শুরু হয় ধর্মঘট। কিন্তু মিউনিসিপ্যাল স্কুলের ছাত্ররা সবাই চুপ ছিল, কিন্তু ত্রিপুরা ক্লাস থেকে বেরিয়ে এসে সবাইকে বলল- "ছাত্র ভাইয়েরা আজ সবাই বেরিয়ে আসো, নাহলে বিপ্লবী যতীন দাসকে অসম্মান করা হবে। আমি থাকতে তা হতে দেবো না।"

সেদিনের সেই মৃত্যুদিবস হিসেবে যে ধর্মঘটের ডাক দেয়, সেই ডাকে কোন ছাত্র ক্লাসে থাকতে পারেনি। সবাইকে বেরিয়ে আসতে হয়েছিল।

সেদিন তাকে কেউ থামাতে পারেনি, সেদিন থেকেই তিনি চট্টগ্রাম ছাত্রসমাজের এক ভালো নেতার স্থান পান। অথচ সেই সময় তিনি ১৫ বছরের কিশোর যুবক ছিলেন। এর আগেও তার এরকম অনেক পরিচয় পাওয়া যায়, চট্টগ্রাম যুব সম্মিলনীর সময় ভলেন্টিয়ার্স বাহিনীর লেফটেন্যান্ট রূপে ত্রিপুরা সবার দৃষ্টি আকর্ষণ করেছিলেন। সে থেকে তাকে সবাই লেফটেন্যান্ট ত্রিপুরা বলে ডাকতো।

সন ১৯২৯ সালের মে মাসে আয়োজিত হয়েছিল চট্টগ্রামে কংগ্রেস সম্মেলন, চট্টগ্রাম জেলা কংগ্রেসের সম্মেলনে সভাপতিত্ব করতে আসেন বিপ্লবের ভগবান নেতাজী সুভাষচন্দ্র বসু। এই সম্মেলনে অপস্থিত ছিলেন মাস্টারদা সূর্য সেন, অনন্ত সিংহ, গনেশ ঘোষের সাথে কিশোর ত্রিপুরা সেন। কংগ্রেসের অহিংস নীতি সমর্থন না করার কথা এবং তারা সশস্ত্র বিদ্রোহের প্রস্তুতির কথা জানান সুভাষ বসুকে।

ঠিক হলো ১৮ই এপ্রিল ১৯৩০ সালে চট্টগ্রাম অস্ত্রাগার আক্রমণ করতে হবে। চট্টগ্রাম অস্ত্রাগার আক্রমনের কিছুদিন আগেই ত্রিপুরা ম্যাট্রিক পরীক্ষা দেন। বিপ্লবী দলের তরুণ সদস্য হিসেবে অংশগ্রহন করেন কিশোর ত্রিপুরা সেন। কিন্তু আক্রমণে তারা সফল হতে পারেনি, এই অসফল কাজ তিনি মন থেকে মেনে নিতে পারেনি। ত্রিপুরা সেনগুপ্তকে অস্ত্রাগার আক্রমণের জন্য যে কাজের দায়িত্ব দেওয়া হয়েছিল, তা তিনি সুচারুরূপে পালন করেন। তাকে দায়িত্ব দেওয়া হয়েছে টেলিগ্রাফ, টেলিফোন অফিসের সংবাদ সংগ্রহের।

চট্টগ্রাম অস্ত্রাগার আক্রমণের শেষে তাঁরা নিরাপদ আশ্রয়ের খোঁজে বেরিয়ে পড়লেন। পাহাড় জঙ্গলের ভিতরে ঢুকে পড়লো। সারা দিন উচু নিচু পাহাড় অতিক্রম করে শহর থেকে কয়েক মাইল দুরে জালালাবাদ পাহাড়ে সবাই মিলে আশ্রয় নিলেন।

বিপ্লবীরা বুঝতে পারল যুদ্ধ অনিবার্য, কিন্তু অনাহার ও অনিদ্রায় কতক্ষন চলবে। যতই সময় যাবে, ততোই তাঁরা দূর্বল হয়ে পড়বে। নাহয় তাঁর আগেই শহরে ঢুকে তাঁরা বিদ্রোহ শুরু করবে। ত্রিপুরা ছিলেন

গ্রুপ ব্রিগেডিয়ার, তিনি মাস্টারদা সূর্যসেনের কাছে গিয়ে বললেন - "মাস্টারদা আর বেশিক্ষণ অপেক্ষা করা আমাদের উচিত নয়। আমরা যত দেরি করবো, শত্রুপক্ষ তত বেশি যুদ্ধের সুবিধা পাবে। আমাদের আজই শেষরাতে শহরে প্রবেশ করে আক্রমণ করতে হবে। আপনি এই বিষয়ে চূড়ান্ত নির্দেশ দিন।"

সহাস্য বদনে মাস্টারদা বলল - "হ্যাঁ ভাই, হ্যাঁ, আজই আমরা শহরের শত্রুঘাটি আক্রমণ করতে চেষ্টা করবো। আমিও তোমার সঙ্গে একমত। Offence is the best of Defence - আক্রমণই সবচেয়ে প্রকৃত প্রতিরক্ষা। Defensive যুদ্ধ আমাদের পক্ষে মারাত্মক রকমের ভুল হবে। নিশ্চিত থাকো, আমরা এখনই সিদ্ধান্ত গ্রহণ করবো।"

দিনটি ছিল ২২শে এপ্রিল, সংগঠিত হয় জালালাবাদ পাহাড়ের সম্মুখ যুদ্ধ। আগুনের মতো দাউ দাউ করে জ্বলে উঠছে ত্রিপুরা, এক হাতে রাইফেল নিয়ে যুদ্ধ করেছিল। মনে হয় একজন সত্যিকারে পাকা সৈনিক। মাত্র ১৭ বছর বয়স তার, বিজয়ী বাহিনীর একজন সেনাপতির দায়িত্ব পালন করেছিলেন। কোন মতেই চুপ থাকছেন না ত্রিপুরা, যুদ্ধ করেই চলেছে। কিন্তু কেউকি জানে কার কখন মৃত্যু ঘটে, ব্রিটিশ বাহিনীর এক ঝাঁক গুলি এসে বুকের এফার-অফার করে বেরিয়ে গেলো। তখনও ত্রিপুরা দাঁড়ানো অবস্থায় ছিলো। একটু নড়তেই মাটিতে লুটিয়ে পড়লো। গুলী লাগার সঙ্গে সঙ্গেই পুরো মুখখানা সাদা হয়ে গেল, যেমন তাঁর শরীরে একবিন্দু রক্তও নেই। কিন্তু আশ্চর্য ব্যাপার হলো - বন্দুকটি তাঁর হাতের মুঠোয়, তখনও শক্ত করে ধরে ছিল।

জালালাবাদের মাটি আঁকড়ে ধরে ত্রিপুরা চিরবিদায় নিলেন, সকলে জয়ধ্বনি দিলেন - 'Long Live Tripura! Long Live Revolution! Long Live Revolutionary Tripura! বন্দেমাতরম।'

ত্রিপুরা মৃত্যুর মুখে পরেও সহযোদ্ধাদের উদ্দ্যেশে বলেছিলেন - "যুদ্ধ চালিয়ে যাও, বিজয় আর বেশি দূরে নাই।" ধীরে ধীরে চোখের পাতা বন্ধ করে মৃত্যুকে আলিঙ্গন করলেন।

# নির্মল লালা

জালালাবাদ পাহাড়ের যুদ্ধে কনিষ্ঠতম যোদ্ধা ছিলেন নির্মল লালা, তাঁর জন্ম হয়েছিল চট্টগ্রামের বোয়ালখালী উপজেলায় এক মধ্যবিত্ত পরিবারে। পিতৃমাতৃহীন নির্মল দিদির যত্নে-আদরে বড়ো হতে লাগলো। তাঁর প্রাথমিক শিক্ষা হয় কক্সবাজার হাই স্কুলে। সবে অষ্টম শ্রেণীর ছাত্র ছিলেন নির্মল, তখন তাঁর বয়স মাত্র চৌদ্দ। কক্সবাজার সমুদ্রের ধারে বসে তিনি স্বপ্ন দেখছেন, পরাধীন দেশকে ব্রিটিশদের অত্যাচার থেকে মুক্ত করে স্বাধীন দেশ প্রতিষ্ঠাতা করবেন।

চট্টগ্রাম অস্ত্রাগার আক্রমণের দু'মাস বাকি। সেই সময় কক্সবাজারে বিধু সেন ও প্রমুখ বিপ্লবীদের সংস্পর্শে আসেন নির্মল লালা। দলের প্রধান নেতা মাস্টারদা সূর্য সেনকে দেখার জন্য মরিয়া হয়ে উঠেছিলেন। একদিন নিজেই উদ্যোগ নিয়ে ছুটে গেলেন মাস্টারদার কাছে চট্টগ্রাম শহরে।

মাস্টারদা শুরু করলেন চট্টগ্রাম অস্ত্রাগার আক্রমণের পরিকল্পনা। নির্মল সেখানে কয়েকদিন থেকে বুঝতে পারলেন - শীঘ্রই কিছু একটা ঘটতে চলেছে। সে সোজা মাস্টারদার কাছে ছুটে গিয়ে আবদার করে বলল - "আপনারা শীঘ্রই কিছু একটা করবেন, আমি বেশ বুঝতে পারছি। আমাকে কিন্তু নিতেই হবে আপনাদের সঙ্গে।" নির্মলের এই কথা শুনে মাস্টারদা কৌতুক বোধ করলেন। অষ্টম শ্রেণীর ছাত্র, মাত্র চৌদ্দ বছর বয়স সে দাবী জানাচ্ছে: মাস্টারদা হাসতে হাসতে জিজ্ঞেস করলেন - "কদিন হলো পার্টিতে এসেছো?"

নির্মল বলল - "প্রায় দুমাস হলো।"

মাস্টারদা আবার বলল - "কোন ক্লাসে পড়?"

নির্মল বলল - "ক্লাস এইটে।"

মাস্টারদা বলল - "বয়স কত?"

নির্মল বলল - "চৌদ্দ।"

মাস্টারদা আবার বলল - "এইটুকু বয়সে তুমি কি করে আমাদের সঙ্গে যাবে?" অনেক চেষ্টা করেও মাস্টারদাকে রাজি করাতে পারলেন না, তাই নির্মল বিচলিত হয়ে ফিরে গেলেন কক্সবাজারে। গিয়েই বিধু সেনকে বলল - "বিধুদা যেমন করেই হোক আমি কিন্তু আপনাদের সঙ্গে যাবো। মাস্টারদাকে রাজি করার কি কোন উপায় নেই?"

বিধু সেন দেখলো তার অবস্থা পাগলের মত, তাঁর গুরুত্ব বুঝতে পেরে বললেন - "তুমি আবার গিয়ে মাস্টারদাকে ধরো। এছাড়া তো আর আমি অন্য কোন উপায় খুঁজে পাচ্ছি না।" নির্মল আবার ছুটে গেলেন চট্টগ্রামে। যাবার আগে প্রতিজ্ঞা করে গেলেন, কক্সবাজারে আর কোনদিন ফিরবেন না। কক্সবাজার থেকে বিদায় নেওয়ার আগের দিন, তাঁর সহপাঠী বন্ধু-বান্ধব'দের ডেকে তাঁর সমস্ত বই-খাতা বিলি করে দিলেন। এই দানের কারণ সকলে জানতে চাইলে তিনি বলেন - "কক্সবাজার ছেড়ে চলে যাচ্ছি। আর বোধ হয় ফিরবো না।"

তার একটা অত্যন্ত প্রিয় ছোট সুটকেস ছিল, সেটাও তাঁর বন্ধুকে দান করে দিলেন। ছুটে গেলেন মাস্টারদার কাছে চট্টগ্রাম শহরের কংগ্রেস অফিসে। এসেই সমস্ত ঘটনা খুলে বললো কক্সবাজার ছেড়ে আসার। তিনি একথাও বলেছিলেন - এবার সে বদ্ধপরিকর হয়ে এসেছেন, কোন কথাই মানবেন না। মাস্টারদার পিছনেই লেগে রইলেন, শেষে বাধ্য হয়েছেন মাস্টারদা নির্মলের আবদার মেনে নিতে।

দিনটি ছিল ১৮ই এপ্রিল ১৯৩০ সাল, পুলিশ লাইন আক্রমণে ছিলেন তিনি। চট্টগ্রাম অস্ত্রাগার দখলের পর তারা ১৯শে এপ্রিল ভোর হওয়ার আগেই পুলিশ লাইন ত্যাগ করে পাহাড় জঙ্গলের ভিতরে ঢুকে পড়লো। সারা দিন উচু নিচু পাহাড় অতিক্রম করে শহর থেকে কয়েক মাইল দুরে এক নিভৃত স্থানে সবাই মিলে স্থিত হলো। পাহাড়ের এক প্রান্ত থেকে আরেক প্রান্তে যেতে যেতে সবাই ক্লান্ত। তখন মাস্টারদা নির্মলকে ডেকে সস্নেহে বললেন - "নির্মল এই অনাহার, অস্নান, অনিদ্রা ও দিনরাত

ছোটাছুটি তুমি এই বয়সে সহ্য করতে পারবে না। তুমি গ্রামের ছেলে, পুলিশ তোমায় চেনেন না। তুমি বাড়ি চলে যাও।"

নির্মল বললেন - "মাস্টারদা, আমি বাড়ি ফিরে যাওয়ার জন্য আসিনি। বাড়ি ফিরে গিয়ে এই জীবন দিয়ে আমি কি করবো? শরীরের শেষ রক্তবিন্দু দেশের কাজে ব্যয় করবো। এটাই আমার জীবনের লক্ষ্য। আমি কি গীতায় পড়ি নাই। শরীরানী বিহায় জীর্ণা নান্যানি নবানি সংযাতি দেহী।"

দিনটি ছিল ২২শে এপ্রিল, ব্রিটিশ সেনাবাহিনী আর বিপ্লবীদের মধ্যে শুরু হলো ভয়াবহ লড়াই। চলছে দুদিকেই অবিরাম গুলি বৃষ্টি। কারো কোন ভ্রুক্ষেপ নেই, পরোয়া নেই। হঠাৎ একটি গুলি এসে নির্মল লালার বক্ষ ভেদ করে চলে গেলো। গুলি লাগতেই সে লাফ দিয়ে উঠে দাড়ালো - মাত্র অল্প সময়ের জন্য সে দাঁড়াতে পেরেছিল। সবার দৃষ্টি পড়লো তাঁর ওপর - শুয়ে পড়, শুয়ে পড়, দাঁড়িয়ে থেকো না গুলি লাগবে। অল্প সময়ের মধ্যেই গড়িয়ে পড়লো। নির্মলের ক্ষত স্থান থেকে রক্ত ঝরছে। পাশেই ছিল সরোজ গুহ ও গ্রুপ কমান্ডার দেবপ্রসাদ গুপ্ত। নির্মল মুখে কিছুই বলতে পারছে না। বন্দুকে ভর দিয়ে যেন দাঁড়াতে চাইছেন, কিন্তু পারছে না। পাশে থাকা গ্রুপ কমান্ডার দেবপ্রসাদ গুপ্ত, মৃত্যুর পরোয়া না করে, ভীষণ গুলিবর্ষণের মধ্যেই ছুটে গেলেন নির্মলের কাছে। সযত্নে নির্মলের মাথাটি কলে তুলে নিলেন দেবপ্রসাদ, পরম স্নেহভরে মাথায় বুকে হাত বোলাতে লাগলেন। সে এক অপূর্ব দৃশ্য ছিল। নির্মল অজ্ঞান ছিল, কিন্তূ স্নেহ-পরশ কমল স্পর্শ হয়তো অনুভব করে তাঁর মায়ের কথা ভেবেছে। দেবপ্রসাদ গুপ্তের কোলেই মাথা রেখে নির্মল চিরবিদায় নিলেন।

শেষ বারের মত তাঁর তরুণ কন্ঠে শোনা গেল 'বন্দেমাতরম।' তারপর রক্ত ভেজা শরীর জালালাবাদের মাটি আঁকড়ে ধরে পড়ে রইল।

# পুলিনচন্দ্র ঘোষ

## (পুলিন ঘোষ)

"জালালাবাদ" নামটা সকলের কাছে জানা, এই জালালাবাদ পাহাড় চট্টগ্রাম যুব বিদ্রোহের বহ্নিশিখা কিছু বিপ্লবীর রক্তে লাল হয়েছিল। মাস্টারদা সূর্যসেনের নাম সকলেই জানেন, তিনিই ছিলেন এই দলের অন্যতম মহানায়ক। তারই আদেশে একের পর এক অভিযান শুরু হয়েছিল, চট্টগ্রাম অস্ত্রাগার আক্রমণ থেকে জালালাবাদ আর সেখান থেকে কালারপোল তারপর আরো নানা অভিযান।

জালালাবাদ পাহাড়ের যুদ্ধে যে সকল বিপ্লবীগণ মৃত্যুবরণ করেছিলেন তাদের মধ্যে অন্যতম ছিলেন পুলিনচন্দ্র ঘোষ। বিপ্লবী পুলিনচন্দ্র ঘোষের জন্ম হয়েছিল চট্টগ্রামের গোঁসাইডাঙ্গাতে। তার পিতার নাম ছিল জগৎচন্দ্র ঘোষ। পুলিনচন্দ্র ঘোষের পড়াশোনা খুবই ভালো ছিল, এর জন্য তার একটা ভালো সুনাম ছিল, কিন্তু সংসারের অভাব অনটন খুব একটা ভালো ছিল না।

সংসারের অভাব অনটনের বিরুদ্ধে লড়াই করে তাকে পড়াশোনা করতে হতো। প্রথম জীবনে তিনি জে. এম. সেন স্কুলের ছাত্র ছিল। তিনি খুবই বুদ্ধিমান এবং তরুণ বিপ্লবী ছিল। ব্রিটিশ সরকারের গোয়েন্দারাও তাকে ধরতে পারেনি, চোখের নিমেষে তাদের চোখে ধুলো দিয়ে উধাও হন তিনি।

একটা খুবই মজার ঘটনা ঘটেছে একদিন। পুলিনচন্দ্র ঘোষ সাইকেলে চড়ে খুব দ্রুত চলছেন। গোয়েন্দারা স্পাই নিয়ে তার পিছন পিছন ধাওয়া করলে, সে কোথায় যাচ্ছে কি করছে তা দেখার জন্য। গোয়েন্দার স্পাই কিন্তু পিছনেই , হঠাৎ উধাও পুলিনচন্দ্র ঘোষ। হতবাগ হলেন ব্রিটিশ সরকারের গোয়েন্দা। এভাবেই তিনি চট্টগ্রাম অস্ত্রাগার আক্রমণের মহানায়ক মাস্টারদা সূর্যসেনের মন জয় করেন।

ছোটবেলা থেকেই তিনি সমাজসেবার কাজে ঝাঁপিয়ে পড়তেন। রামকৃষ্ণ আশ্রমের একজন সেচ্ছাসেবকও ছিলেন তিনি। মাঝে মধ্যে তাকে ভিক্ষার ঝুলি নিয়ে দেখা যেত, ভিক্ষা করে করে তিনি আশ্রমে গিয়ে দান করতেন।

ভিক্ষা করার সময় এক ভদ্র লোক পুলিনকে ডেকে জিজ্ঞাসা করেন - "আচ্ছা তোমরা যে সব সময় স্বাধীনতা স্বাধীনতা করো, এই স্বাধীনতা পেলে কি করবে?" পুলিন উত্তরে বললেন - "স্বাধীনতা পেলে আর কারোর জন্য আমাকে ভিক্ষা করতে হবে না।"

তারা ব্রিটিশদের বিরুদ্ধে লড়াই করবে ঠিকই, কিন্তু তাদের কাছে সেরকম আগ্নেয় অস্ত্র ছিল না। মাস্টারদা সূর্যসেন নতুন অভিযানের পরিকল্পনা শুরু করেন, শেষে ঠিক করলেন চট্টগ্রাম অস্ত্রাগার আক্রমণ করতে হবে। সেই সময় তিনি অর্থাৎ পুলিনচন্দ্র ছিলেন দশম শ্রেণীর ছাত্র।

দিনটি ছিল ১৮ই এপ্রিল ১৯৩০ সাল, এই ঐতিহাসিক অভিযানে পুলিনচন্দ্র ঘোষ ইন্ডিয়ান রিপাবলিকান আর্মির হয়ে পুলিশ লাইনের অস্ত্রাগার দখলে অংশ নেয়। এরপর তাঁরা রাতের অন্ধকারে বের হন জালালাবাদ পাহাড়ের দিকে।

২১শে এপ্রিল, ক্ষুধা ও তৃষ্ণায় পুলিন এতটা দূর্বল হয়ে পড়েছিল যে, পায়ে হেঁটে গিয়ে একটু দূরে ঝর্ণার জল খেয়ে আসার শক্তিটুকুও অবশিষ্ট নেই। তৃষ্ণার জ্বালা আর সহ্য করতে পারলেন না, তাই পুলিন কি করলেন! লুব্রেকেটিং তেলের টিন খুলে মুখে ঢেলে দিলেন। তেল পেটে ঢুকতেই আর সহ্য করতে পারলেন না, সঙ্গে সঙ্গেই বমি করতে লাগলেন। অসুস্থ্য ছিল আরো অসুস্থ্য ছিল পরল। তার মামার বাড়ি ছিল কাছেই ফতেয়াবাদ গ্রামে। পুলিনের শারীরিক অবস্থা দেখে তাকে মামার বাড়ি যাওয়ার কথা বলা হয়। কিন্তূ সে রাজি হননি। সে বলল - "সবাইকে এভাবে ফেলে রেখে আমি কোথাও যেতে পারবো না।"

২২শে এপ্রিল জালালাবাদ পাহাড়ে সশস্ত্র ব্রিটিশ বাহিনী এসে হাজির, শুরু হলো দুদিকের লড়াই। প্রথম ও দ্বিতীয় যুদ্ধে অংশগ্রহণ করে তারা বিজয়ী হলেন পরাক্রমী বিপ্লবী দল। এরপর শুরু হয় তৃতীয়বারের যুদ্ধ, জালালাবাদ পাহাড়ে গুলি বৃষ্টি চলছে। পুলিনচন্দ্র ঘোষ একটু পর পর বন্দুক নিয়ে এগিয়ে যাচ্ছেন ব্রিটিশ বাহিনীর দিকে আর এদিকে অবিরাম গুলি চলতেই থাকে।

পুরো জালালাবাদ পাহাড় বন্দুকের ধোয়ায় ঢেকে নিয়েছে। যুদ্ধ থামার কোন লক্ষ্য নেই। লোকনাথ বলের পাশেই ছিলেন পুলিন। লোকনাথের জলের তৃষ্ণায় বুকের ছাতি ফেটে যাচ্ছিল। কোথাও একটু জল নেই। পুলিন বুঝতে পারল লোকনাথদার তৃষ্ণা পেয়েছে। তাই তিনি বললেন - "লোকাদা, আমার কাছে একটি কাছা আম আছে। আমটি নিন - খান, তৃষ্ণা মিটবে।"

লোকনাথ বলল - "এখন তুই রাখ, পরে দেখা যাবে। ভাগ করে নাহয় দুজনেই খাব।" মেশিনগান গুলি অবিরত চলছে। এদিক-ওদিক নড়লেই বিপর্জনক, কখন গুলি এসে লাগবে ঠিক নেই। মেশিনগানের কার্তুজ বেল্ট শেষ হলে, আর একটা বদলাতে খানিক সময় লাগে। সেই সুযোগে আমটাকে কাজে লাগানো যাবে। লোকনাথ আমটির জন্য পুলিনের দিকে যেমনি তাকালেন, ঠিক ওই সময় এক ঝাঁক গুলি এসে পুলিনের সমস্ত শরীর ঝাঁজরা করে দিলেন। পুলিন সঙ্গে সঙ্গে মাটিতে লুটিয়ে পড়লো - বন্দুকটি তার পাশেই পরে রইল। আমটি হাতের মুঠোয়, লোকনাথের দিকে হাত বাড়িয়ে রক্তাক্ত অবস্থায় পুলিন পরে আছে। লোকনাথ বলেছিল দুজনে ভাগ করে খাব - এখন আর কার সঙ্গে ভাগ করে খাবে? লোকনাথের দুই চোখে জল চলে এল।

লোকনাথের প্রতি পুলিনের কতখানি দরদ, নিজের জন্য রাখা কাঁচা আমটি "লোকাদাকে' দেবে - 'লোকাদা' খেলেই সে খুশি। পুলিনের হাতে আমটি রক্তে ভিজে গেছে, 'লোকাদা' খাবে বলে সযত্নে আগলে রেখেছে। লোকনাথ যদি আমটি নাখান, পুলিনের শেষ ইচ্ছে অবমাননা হবে। তাই

হাতের মুঠো থেকে রক্তমাখা আমটি লোকনাথ নিয়ে খেয়ে নিলেন। এই ছিল বিপ্লবী পুলিন ঘোষের কাহিনী।

# শশাঙ্কশেখর দত্ত

## (শশাঙ্ক দত্ত)

১৮ই এপ্রিল ১৯৩০ সাল, সেদিনের যে ঐতিহাসিক অভিযান ঘটেছিল আমরা সকলেই কম-বেশি জানি। সেদিন চট্টগ্রামের অস্ত্রাগার আক্রমণ করা হয়েছিল। যে সকল বিপ্লবীরা অংশ নিয়েছিলেন, তাদের মধ্যে হলো শশাঙ্কশেখর দত্ত। অতি সংক্ষেপে সবাই ডাকে শশাঙ্ক বলে। শশাঙ্ক দত্তের জন্ম হয়েছিল ১৯১২ সালে চট্টগ্রামের ডেঙ্গাপাড়া গ্রামে (ব্রিটিশ ভারত বর্তমান বাংলাদেশ)। তার পিতার নাম ছিল মনীন্দ্রলাল দত্ত। শশাঙ্ক দত্ত ছিলেন ঢাকা কলেজের দ্বিতীয় বার্ষিক শ্রেণীর ছাত্র। তিনি চট্টগ্রাম কলেজের ইন্টারমিডিয়েটের ছাত্র ছিলেন।

একদিকে ব্রিটিশদের অকথ্য অত্যাচার বেড়েই চলেছে আর অন্যদিকে স্বাধীনতা সংগ্রামীদের সশস্ত্র সংগ্রাম। হঠাৎ করে বিপ্লব ভাবাপন্ন হলে যোগ দিলেন বিপ্লবী দলে।

মাস্টারদা সূর্যসেনের বিপ্লবী দলে যোগদান করে, তিনি হয়ে ওঠেন "ইন্ডিয়ান রিপাবলিকান আর্মির সদস্য।" সব রকম সাহায্য করতে আগ্রহী ছিলেন বিপ্লবী দলকে। আমি আগেই বলেছি চট্টগ্রাম যুব বিদ্রোহের কথা আমরা সকলেই জানি, মাস্টারদা সূর্যসেনের আদেশ মতো আক্রমণ করা হয়েছিল চট্টগ্রামের অস্ত্রাগার। শেষে বিপ্লবীরা সেখান থেকে পলায়ন করতে সক্ষম হয় এবং আশ্রয় নেন জালালাবাদ পাহাড়ে গিয়ে।

রাতের অন্ধকারে পাহাড় জঙ্গল পেরিয়ে, বিপ্লবীদের দু-চোখ যেদিকে যায় ছুটে চললেন সেদিকে। চট্টগ্রাম অস্ত্রাগার আক্রমণের ঠিক চারদিন পর, মানে ২২শে এপ্রিল ১৯৩০ সাল, জানা যায় সেদিন জালালাবাদ পাহাড়ের চূড়ায় পর পর তিন বার যুদ্ধ হয়েছিল। দুবার তারা ব্রিটিশ সেনাবাহিনীকে পরাস্ত করেছিলেন। তৃতীয় বারের মতো শুরু হয় আরও

এক লড়াই, তাদের অন্তিম লড়াই, খুব ভয়ানক লড়াই। শশাঙ্ক দত্তের চোখে মুখে ছিল অনন্ত হাঁসি, উৎসাহ উদ্দীপনা ও অদম্য সাহস।

শত্রুর কাছে তিনি কখনোই পরাজিত হবেন না। মুখে মুহূর্তের মধ্যে "বন্দেমাতরম" ধ্বনি আর হাতে রাইফেল, তাও আবার ১৮ বছরের তরুণ যুবক সত্যিই ভাবা যায় না। যুদ্ধ যেন থামার কোন নাম নেই, অবিরাম গুলি বৃষ্টি চলতেই আছে। কিন্তু যুদ্ধে কখন কার মৃত্যু মাথার উপর ঝুলে থাকে কেউ জানেনা। কিন্তু সেদিনের অবিরাম যুদ্ধে মোট ১২ জন তরুণ যুবক মারা যান। যুদ্ধের এক সময় মেশিনগানের গুলি বেরিয়ে এসে গ্রাস করলো শশাঙ্কশেখর দত্তকে। সঙ্গে সঙ্গেই মৃত্যুর কোলে ঢলে পড়লেন।

মেশিনগানের গুলিতে শরীর এমনই ছিন্ন-ভিন্ন হয়েছিল যে, শশাঙ্ক দত্ত ও মধু দত্তের ছবি দেখে কেউ চিনতে পারেনি। এরা কারা!

সেদিন বিপ্লবীদের রক্তে লাল হয়েছিল জালালাবাদ পাহাড়ের কোল। ধন্য হয়েছিলাম আমরা তাদের রক্তে ধন্য হয়েছিল মাতৃভূমি। এনারা বলিদান না দিলে স্বাধীনতা পেতাম না। প্রণাম জানাই সকল জালালাবাদ যুদ্ধের বীরদের চরণে।

# মধুসূদন দত্ত
## (মধু দত্ত)

চট্টগ্রাম অস্ত্রাগার আক্রমণের ঘটনা আমাদের সকলের কাছে হয়ত জানা আছে। যার জন্য কয়েকদিন ব্রিটিশ রাজত্ব থাকাকালীন চট্টগ্রামকে স্বাধীন রাখতে পেরেছিলেন। হ্যাঁ সেই চট্টগ্রামের কথা বলছি যার অন্যতম প্রধান নেতা হিসেবে আমরা মাস্টারদা সূর্যসেনের নাম জানি। তারই আহ্বানে প্রায় ৬০ জনেরও বেশী কিশোর ও তরুণ যুবকরা বিপ্লব মন্ত্রে উজ্জীবিত হয়েছিলেন।

তাদের মধ্যে জালালাবাদ যুদ্ধে অংশগ্রহণ করে যারা বীরগতি প্রাপ্ত হন, সেখানকার এক মৃত্যুঞ্জয়ীর কথা বলতে চলেছি এখানে।

যার কথা বলছি তার নাম হলো মধুসূদন দত্ত। তার জন্ম হয়েছিল চট্টগ্রামের একটি বিদগ্রাম নামক স্থানে। তার পিতার নাম ছিল মনীন্দ্রকুমার দত্ত। ছেলেটি ছোট থেকেই ছিল বিপ্লবী ভাবাপন্ন, সারোয়াতলী গ্রামের স্কুল ছাত্র রামকৃষ্ণ বিশ্বাসের অনুপ্রেরনায় কিশোর যুবক মধুসূদন দত্ত যোগ দিলেন বিপ্লবীদের দলে।

সংসারে ছিলনা তাদের কোন কিছুর অভাব, তবুও তার মন চায় স্বাধীনতার নিশ্বাস নিতে। এদেশে ব্রিটিশদের বিরুদ্ধে দাঁড়াতে হবে, তাহলেই সবাই একদিন স্বাধীন নিশ্বাস নিতে পারবে। তিনি বিপ্লবী দলের একজন অতি পুরনো কর্মী হিসেবে পরিচিত ছিলেন। মধুসূদন দত্ত ১৯২১ সাল থেকে ১৯২২ সাল পর্যন্ত তার রাজনৈতিক জীবনের পথ চলা শুরু হয়।

সন ১৯২৪ সাল, বিপ্লবী নেতারা ও কিছু সদস্য একে একে সবাই কারাগারে বন্দি অবস্থায়। বিপ্লবের সমস্ত কাজ চেপে নিলেন নিজের কাঁধে। বিভিন্ন স্থানে ও স্কুল কলেজে গিয়ে বিপ্লবের প্রচার করতে লাগলেন। এই খবর বাড়ির লোকজনেরা জানতে পারে, তাই তখন তাকে

জামশেদপুরে পাঠানো হলো। শোনা যায় সেখানে তিনি চাকরি করতেন, সেখানে গিয়ে তিনি কয়লার কন্ট্রাক্টরের কাজ করে। আর সমস্ত টাকা এনে দিত বিপ্লবীদের দলে।

১লা এপ্রিল ১৯৩০ সালে তিনি আবার চট্টগ্রামে ফিরে যান। এরপর মাস্টারদা সূর্যসেনের পরিকল্পনা অনুযায়ী ঠিক করলেন আক্রমণ করতে হবে চট্টগ্রামের অস্ত্রাগারে। সেই সময় তার বিপ্লবী বন্ধুরা মনে করেন যে আর মনে হয় অস্ত্রাগার আক্রমণে সহ যোদ্ধা হিসেবে তাকে পাবো না। এবার তাদের সন্দেহ দুর হলো, একলা এপ্রিল চট্টগ্রামে ফিরে আসার পরেই আবার তিনি বিপ্লবের কাজে ঝাঁপিয়ে পড়েন।

চট্টগ্রাম অস্ত্রাগার আক্রমণের আগে তারা অর্থ সমস্যায় পড়েন, ঠিক হলো তারা সবাই যে যতটুকু পারে অর্থ দিয়ে সাহায্য করবে। বিপ্লবী মধুসূদন দত্ত বাড়ির অলঙ্কার অর্থ এনে দিলেন তাদের দলে। দিনটি ঠিক হলো ১৮ই এপ্রিল ১৯৩০ সাল, চট্টগ্রাম অস্ত্রাগার আক্রমণের আগে তিনি কি করলেন বাড়ির বন্দুকটিও এনে দিলেন বিপ্লবীদের দলে। এই অভিযানে তিনি পুলিশ লাইন আক্রমণে যোগ দেন।

মধু কিন্তু একজন ধনী জমিদারের সন্তান ছিলেন, তার কোন কিছুর অভাব ছিল না। তিনি সাধারণের চাইতে অনেক উর্ধ্বে। ধন-সম্পদ তাকে স্পর্শ করতে পারেনি, তাকে স্পর্শ করেছিল দেশের স্বাধীনতা। তাই চট্টগ্রাম মহা-বিদ্রোহে ঝাঁপিয়ে পড়েছিলেন। সেদিন তারা অস্ত্রাগারের দরজা ভেঙে রাইফেল, রিভলবার ও কার্তুজ সহ পুলিস লাইন অধিকার করে নেন। মাস্টারদার কথা মতো ব্রিটিশ ইউনিয়ন জ্যাক খুঁজে আগুনে পুড়িয়ে দেওয়া হয়। সেখানেই হালকা যুদ্ধে জড়িয়ে পড়তে হয় বিপ্লবীদের।

এবার বিজয়ের খুশিতে জাতীয় পতাকা তোলা হয়। খোলা আকাশের দিকে তিন-তিন বার বন্দুক গর্জন করে সেলুট দেওয়া হয়। এরপর রাতের অন্ধকারে বেরিয়ে পড়েন সেখান থেকে। চারদিক অন্ধকার আর

অন্ধকার তবুও তাদের চোখ পাহাড় জঙ্গল পেরিয়ে শেষে আশ্রয় নেয় জালালাবাদ পাহাড়ে গিয়ে। চারদিন কেটে যায় সেখানেই।

দিনটি ছিল ২২শে এপ্রিল ১৯৩০ সাল, তারা উপস্থিত ছিলেন জালালাবাদ পাহাড়ের চূড়ায়। তারা সবাই সেদিন খিদের জ্বালায় ও জলের তৃষ্ণায় ক্লান্ত হয়ে পড়েছে। এদিকে একদল ব্রিটিশ সেনাবাহিনী এসে হাজির হলো। ক্ষনিকের মাঝেই শুরু হলো জালালাবাদ পাহাড়ের ঐতিহাসিক লড়াই। খিদের জ্বালায় ও জলের তৃষ্ণায় তারা অধীর হয়ে পড়েছে, তবুও লড়াই করছেন যেন সত্যিকারের একজন পাকা সৈনিক।

তারা শুধু বন্দুক হাতে আর ব্রিটিশ সেনাবাহিনী সঙ্গে করে নিয়ে এসেছে কার্তুজ ও মেশিনগান যা থেকে একসঙ্গে অনেক গুলি বেরিয়ে আসে। প্রথম ও দ্বিতীয় যুদ্ধে বিপ্লবীরা বিজয় প্রাপ্ত করেন, এবং তৃতীয় যুদ্ধে তাদের দিকে অন্ধকার নেমে আসে। হঠাৎ মেশিনগানের এক ঝাঁক গুলি এসে বিপ্লবী মধুসূদন দত্তকে যেন বীরত্বের মালা পড়িয়ে দেন। তিনি সঙ্গে সঙ্গে লুটিয়ে পড়েন জালালাবাদ পাহাড়ের কোলে। বিপ্লবী বন্ধুদের ছেড়ে বিদায় নিলেন মধুসূদন দত্ত।

# প্রভাসচন্দ্র বল

## (প্রভাস বল)

চট্টগ্রাম অস্ত্রাগার আক্রমণ এক ঐতিহাসিক অভিযান ব্রিটিশদের বিরুদ্ধে। আর এই দলের অন্যতম প্রধান নেতা হিসেবে আমরা মাস্টারদা সূর্যসেন এর কথা জানি। তারই নেতৃত্বে একের পর এক অভিযান চালানো হয় ব্রিটিশদের ডেরায়। তার বিশেষ অভিযান চট্টগ্রাম অস্ত্রাগার আক্রমণ ও জালালাবাদের যুদ্ধ। এই জালালাবাদের যুদ্ধে অংশগ্রহণ করে কয়েক জন তরুণ যুবক প্রাণ হারান।

আজ এখানে যার কথা বলতে চলেছি তার নাম প্রভাস বল। তার জন্ম হয়েছিল চট্টগ্রামের ধোরালায় এবং তার পিতার নাম ছিল মনোমোহন বল। তিনি চট্টগ্রাম জে. এম. সেন স্কুলের ছাত্র ছিলেন। ইনি সেই চট্টগ্রাম অস্ত্রাগার আক্রমণের নেতা লোকনাথ বল ও জালালাবাদের মৃত্যুঞ্জয়ী হরিগোপাল বলের কাকাতো ভাই।

শোনা যায় তার পূর্ব পুরুষ স্নানের সময় গায়ে তেল মাখেন, গৃহকর্তার কাছ থেকে তেল চাইলে গৃহকর্তা গোটা সরিষা হাতে তুলে দেন। তা থেকে তিনি রগড়ে রগড়ে তেল বের করেন। তখন থেকেই গৃহকর্তা তাকে "বল" উপাধি দেন। বসু থেকে বল বলে পরিচিত হন।

বৃন্দাবন আশ্রমে শেখানো হতো ব্যায়াম চর্চা, সেই ব্যায়াম চর্চার সম্পাদক ছিলেন প্রভাস বল। তার শিক্ষক ছিলেন অনন্ত সিংহ, প্রতি রবিবার সেখানে গিয়ে তালিম দিতেন। অনন্ত সিংহ, প্রভাস বলের দেহের গঠন শক্তি দেখে ভাবেন এই মহাবীরের শক্তি যদি মাতৃভূমির কাজে না লাগে তবে কোন কাজে লাগবে এই বীরের শক্তি। তিনি ধীরে ধীরে প্রভাসকে বিপ্লবের অনুরাগী করে তুললেন, তার পর পরিচয় করিয়ে দিলো মাস্টারদা সূর্যসেনের সঙ্গে।

১৯২৯ সাল, চট্টগ্রামের জেলা কংগ্রেস নির্বাচনে অনন্ত সিংহের সঙ্গে প্রভাস বল বিপ্লবী দলের পক্ষে নির্বাচনী প্রচারে নামলেন। খাওয়া-দাওয়া নেই, স্নান করা নেই, কেবলমাত্র কাজ আর কাজ। আগে যারা কংগ্রেস সদস্য ছিল না, তাদেরও সদস্য বানালেন। প্রভাসের প্রচারের দরুন মাস্টারদার জয়ের দরজা খুলে যায়।

খেলার মহলে তার একটা ভালো সুনাম ছিল, প্রভাস খুব ভালো ফুটবল খেলতেন। অনন্ত সিংহ ছাড়াও তার বিপ্লব জীবনের পথ দর্শক ছিলেন কালি চক্রবর্তী (কালি চক্রবর্তী একজন চট্টগ্রাম অস্ত্রাগার আক্রমণের অংশগ্রহণ কারি বিপ্লবী ছিলেন)। কালি একদিন দেখতে পেলো প্রভাস যার তার সঙ্গে মিশে সিগারেট টানছে, সেই সময়ে বিপ্লবীদের কথা অনুযায়ী সিগারেট খাওয়া নিষিদ্ধ ছিল। তখন কালি তাকে ডেকে বললেন - "তোকে সিগারেট খাওয়া ছাড়তে হবে, বল আজ তুই আমার কথা রাখবি কিনা।" প্রভাস তখন হ্যাঁ বা না কিছুই বললেন না। প্রভাস বললেন - "আমাকে ভাবার সময় দাও! আমি এখন লজ্জায় যদি তোমাকে সিগারেট খাওয়া ছাড়বো বলি, পরে যদি ছাড়তে না পারি তবে সিগারেট খাওয়ার থেকে তোমাকে কথা দেওয়াটা সবচেয়ে বড় পাপ হবে।"

দুদিন পরে প্রভাস কালীকে কথা দিল - "আমি কথা দিচ্ছি আপনাকে আমি আর কোনদিন যার তার সঙ্গে মিশে সিগারেট খাবো না।" সত্যিই তিনি আর কোনদিন সিগারেট হাতে ধরেননি। মৃত্যু পর্যন্ত তিনি এই কথা রেখেছিলেন। কংগ্রেস নেতা মহিম দাস, ত্রিপুরা চৌধুরীর কবজা হতে কংগ্রেসের প্রতিষ্ঠানকে স্বাধীনতা যুদ্ধে আগ্রহী তরুণ নেতাদের অধিকারে আনেন। সেদিন তিনি মাস্টারদা সূর্যসেনের মন জয় করেছিলেন।

এর পর মাস্টারদার নির্দেশ চট্টগ্রামের অস্ত্রাগার আক্রমণ করতে হবে, যদি মাতৃভূমির রক্ষার স্বার্থে ব্রিটিশদের বিরুদ্ধে লড়াই করতে হয়। দিন তারিখ ঠিক হলো ১৮ই এপ্রিল ১৯৩০ সাল। সেদিন তিনি অক্সিলিয়ারি ফোর্স অস্ত্রাগার আক্রমণে অংশগ্রহণ করেন।

শেষে তারা রাতের অন্ধকারে জালালাবাদ পাহাড়ের দিকে রওনা দিলেন। চারদিন পর ২২শে এপ্রিল শুরু হলো ইংরেজ বাহিনীর সঙ্গে সম্মুখীন যুদ্ধ। একদিকে বিশাল ব্রিটিশ বাহিনী মেশিনগান নিয়ে আর অন্যদিকে বিপ্লবীরা রাইফেল হাতে। প্রথম ও দ্বিতীয় যুদ্ধে প্রভাস বীরত্বের সঙ্গে লড়াই করেছিলেন। তৃতীয় যুদ্ধে প্রাণপন লড়াই করেন এবং বীরের মতো লড়াই করে তিনি জালালাবাদ পাহাড়ে গুলিবিদ্ধ হয়ে ঘটনাস্থলেই মৃত্যুবরণ করেন।

এভাবেই কত নাম নাজানা তরুণ যুবক দেশের স্বাধীনতার জন্য মৃত্যুকে আলিঙ্গন করেছিলেন।

# নরেশ রায়

স্বাধীনতা সংগ্রামের ইতিহাস আজও আমাদের কাছে অজানা। বিশেষ করে আমরা এখনও চট্টগ্রাম অস্ত্রাগার আক্রমণের সকল বিপ্লবীর কথা জানি না। সে সকল বিপ্লবীদের মধ্যে জালালাবাদের যুদ্ধে অংশগ্রহণ করে যারা মৃত্যুবরণ করেছেন তাদের মধ্যে একজন হলেন নরেশ রায়। বীরের মতো লড়াই করে তারা মৃত্যুকে আলিঙ্গন করেন, মাতৃভূমিকে রক্ষার স্বার্থে।

বিপ্লবী নরেশ রায়ের জন্ম হয়েছিল নেত্রকোণা জেলার কেন্দুয়া উপজেলার নোয়াপাড়ায়। তার পিতার নাম ছিল গিরিশচন্দ্র রায়। গিরিশচন্দ্র রায়ের কনিষ্ঠ পুত্র সন্তান ছিলেন তিনি। তার পড়াশোনা খুব ভালো ছিল, একজন মেধাবী ছাত্র রূপে তার অনেক নাম ছিল। গ্রামের স্কুলে পড়াশোনা করতেন। তার পর তিনি মনময়সিং শহরের এডওয়ার্ড স্কুলে ভর্তি হন। পড়াশোনা চলাকালীন সর্বতোকৃষ্ট মুষ্টি যোদ্ধার সম্মান পেয়েছিলেন তিনি।

মনময়সিং শহরের এডওয়ার্ড স্কুলে কৃতিত্বের সঙ্গে মেট্রিক পাশ করেন। তারপর তিনি চট্টগ্রামে যান ডাক্তারি পড়তে, ভর্তি হলেন চট্টগ্রাম ন্যাশনাল মেডিক্যাল স্কুলে। চট্টগ্রামেই তিনি জীবনের নতুন পথ চলার রাস্তা খুঁজে পান। ধীরে ধীরে অনন্ত সিংহের সংস্পর্শে আসেন, যোগ দিলেন মাস্টারদা সূর্য সেন-এর বিপ্লবী দলে।

সাহস ও কর্মদক্ষতায় তিনি ছিলেন অদ্বিতীয়, অসাধারণ কর্মকাণ্ডের ফলে তিনি অনন্ত সিংহ ও গনেশ ঘোষের প্রিয় স্থান অধিকার করেন। তিনি ছিলেন খুবই শান্ত মনের মানুষ, শত সমস্যার মুখে পরেও কখনো রেগে জাননা। এজন্যই তিনি সকলের কাছে প্রিয়।

দলের প্রত্যেকটি গুরুত্বপূর্ণ কাজে নরেশ রায়ের অবদান ছিল বিশেষ। তাদের পাড়ায় পাড়ায় ক্লাব তৈরির কাজকর্মের ভার ছিল তার উপর।

চট্টগ্রাম যুব বিদ্রোহের পরিকল্পনা অনুযায়ী তাকে একটি বিশেষ কাজ দেওয়া হয়, ইউরোপিয়ান ক্লাব আক্রমণ পরিচালনার দায়িত্ব দেওয়া হয় তাকে। দলের সকল সদস্যদের বিশ্বাসযোগ্য কর্মী ছিলেন, তাই তাকে সবাই বিশ্বাস করতেন। তাই তাকে মাস্টারদা নিয়োগ করলেন গুপ্তচরের উপর নজর রাখতে। নরেশের কর্মকান্ড এমনই ছিল যে, যার জন্য পুলিশকে বার বার বোকা সাজতে হয়েছিল।

১৯৩০ সাল, চট্টগ্রাম কংগ্রেস অফিসে বিস্ফোরক দ্রব্য সামগ্রী প্রস্তুতের সময় বিপ্লবী তারকেশ্বর দস্তিতার গুরুতর ভাবে আহত হন। তাকে শহর থেকে গ্রামে লুকিয়ে রাখার জন্য, মেডিকেল কলেজের নরেশ রায়, বিধু ভট্টাচার্য, মহিরা গ্রামের যতীন দাস ও ধোরলা গ্রামের সুশীল দে তারকেশ্বরকে নিয়ে খেয়াঘাটে আসেন। তারকেশ্বরকে সাম্পানে উঠিয়ে দেওয়ার জন্য। খেয়াঘাটে আসার আগে স্থানীয় একদল লোক রাস্তা আটকে রাখেন। তারকেশ্বরকে ব্যান্ডেজ বাঁধা অবস্থায় দেখে তাদের সন্দেহ হয়। বিধু ভট্টাচার্য, নরেশ রায় ও বিপ্লবীদের ফিরে আসতে দেরি হচ্ছে দেখে, অনন্ত সিং ও গণেশ ঘোষ দেখতে এলেন। ভির দেখে অনন্ত ও গণেশ জোর গলায় বললেন - "কন হ্যায়?" সাথে সাথ পথরোধকারী লোকজন ভয়ে পালিয়ে গেলেন। তারপর তারকেশ্বরকে সাম্পানে উঠিয়ে দেওয়া হয়।

এর পর নিশ্চিত করা হলো, চট্টগ্রাম অস্ত্রাগার আক্রমণ করতে হবে। তাদেরই অস্ত্র দিয়ে তাদের বিরুদ্ধে লড়াই করতে হবে এবার।

আক্রমণের সমন্ধে চলছে নানা পরিকল্পনা। আক্রমণ করবেন ঠিকই, কিন্তু চাই দু-খানা গাড়ি। গাড়ির ড্রাইভারকে ক্লোরোফর্ম দিয়ে অজ্ঞান করে ঘণ্টা তিনেক গাড়িটি তারা নিজেদের আয়ত্তে রাখতে চান। এই ক্লোরোফর্ম'র পরীক্ষার দায়িত্ব দেন মেডিকেল কলেজের 'Gold Medalist' ছাত্র নরেশ রায় ও বিধু ভট্টাচার্যকে।

দিনটি ছিল ১৮ই এপ্রিল ১৯৩০ সাল, আক্রমণের পূর্বে দিনের বেলায় অনন্ত সিং কংগ্রেস অফিসের সামনে গাড়ি করে অম্বিকা চক্রবর্তীকে

নামিয়ে দিলেন, তারপর গণেশের বাড়ির রাস্তায় নরেশ রায়কে দেখতে পান।

অনন্ত সিং নরেশকে বললেন - "সব ঠিক আছে তো নরেশ? যেখানে যত অস্ত্র আছে সব তুমি নিজে হাতে পরিক্ষা করে দেখেছ কি? সব ঠিক আছে?"

নরেশ উত্তর দিল - "হ্যাঁ, সব ঠিক আছে।"

অনন্ত সিং আবার বলল - "তুমি বলছো কোন সন্দেহ নেই? আক্রমণের সময় একটিও Fail করবে না - তুমি নিশ্চিত?"

নরেশ বলল -"হ্যাঁ, আমি নিশ্চিত।"

অনন্ত বলল - "তোমার দলের প্রত্যেকের মনোবল কেমন আছে?"

নরেশ বলল - "খুব ভালো, চমৎকার! তাদের মধ্যে প্রতিযোগিতা চলছে - 'আগে কেবা প্রাণ করিবে দান---।"

ইউরোপীয়ান ক্লাব আক্রমণের নেতৃত্বে ছিলেন নরেশ রায়। নরেশকে বলার মতো অনন্তের কিছুই ছিল না, তবুও একটু জোর পাওয়ার জন্য নরেশকে বললেন - "মনে রেখো নরেশ, আমাদের প্রাণদান কখনোই ব্যর্থ হবে না! এতদিনের অত্যাচারের প্রতিশোধ নিতে চলেছি আজ - শক্তি চাই, সাহস চাই, - আর চাই অদম্য মনোবল। দেখো নরেশ, শেষ সময়ে যেন একজনও ভেঙে না পড়ে। তাদের গিয়ে বলবে - দয়া নয় মায়া নয়, বিন্দুমাত্র করুণা নয়! প্রতিশোধ চাই -শুধু চাই নির্মম প্রতিশোধ! - ক্ষুদিরাম, কানাইলালের ফাঁসির প্রতিশোধ - জালিয়ানওয়ালা বাগের শিশু ও নারী হত্যার প্রতিশোধ।"

নরেশের দুটি চোখে যেন আগুন জ্বলছিল। ব্রিটিশদের উচিৎ শিক্ষা দেওয়ার সময় এসেছে। ভারতবাসীর ওপর এতদিন অনেক অন্যায় অত্যাচার করেছেন। এতদিনে এবার সেই সুযোগটা হাতে এসেছে, প্রতিশোধ নেওয়ার। নরেশ দৃঢ়তার সঙ্গে অনন্ত সিংকে বলল - "ব্রিটিশ শাসকবর্গ আজ বুঝবে অত্যাচার করার একচেটিয়া অধিকার কেবল তাদেরই নেই, আমাদেরও আছে। আজ তারাও দেখবে আমরা কতটা

নিষ্ঠুর হতে পারি - কতটা নির্দয় আর কতটা কঠিন আমরা। তাদের বুকের রক্ত ঢেলে এতদিনের পাপের প্রায়শ্চিত্ত আজ করতে হবে। মানবত্রাতা যীশুর আদেশ যারা অবহেলা করেছে, ঈশ্বর আজ তাদের ক্ষমা করবেন না! আজকে যে মৃত্যুর বিভীষিকা সৃষ্টি করব তা' ব্রিটিশ শাসকবর্গকে ভবিষ্যতের জন্য সর্তক করে দেবে - তাদের অন্যায় অত্যাচারের পরিণতি আরও অশুভ আরও অমঙ্গলজনক হবে।"

রাতে বের হলো বিপ্লবীরা এক নতুন অভিযানে। ইউরোপিয়ান ক্লাব আক্রমণ নেতৃত্বের দায়িত্ব পেলেন নরেশ রায়। তার নেতৃত্বে ত্রিপুরা সেন, দেবপ্রসাদ গুপ্ত, অমরেন্দ্র নন্দী, বীরেন দে ও মনোরঞ্জন সেন বোমা ও অস্ত্রশস্ত্র নিয়ে জালিয়ানওয়ালা বাগ হত্যাকাণ্ডের প্রতিশোধ নিতে ইউরোপীয়ান ক্লাবের দিকে গেলেন। কিন্তু তাঁরা ধীর গতিতে ফিরে এলেন। উৎসাহ নেই, উদ্দীপনা নেই - তারা যেন ক্লান্ত হয়ে পড়েছে। মাস্টারদা তাদের দেখে নরেশকে জিজ্ঞেস করলো - "তোমরা একেবারে চুপচাপ কেন? কি হয়েছে তোমাদের?"

নরেশ বলল - "কিছু হয়নি। আমরা সবাই দৈহিক সুস্থ; কিন্তু আমরা অকৃতকার্য হয়ে ফিরে এসেছি।"

মাস্টারদা ব্যাকুল হয়ে প্রশ্ন করলেন - "নরেশ তোমরা অক্ষম হয়ে ফিরে এলে? বুঝতে পারছি না। খুলে বলো কী হয়েছে?"

নরেশ বলল - "আমরা পরিকল্পনা মত ক্লাব-গৃহের কাছে গেলাম। আমরা ঝটিকাবেগে বিভিন্ন দরজা ও জানালা দিয়ে ক্লাবঘরে প্রবেশ করি - কিন্তু আশ্চর্য! হল ঘর একেবারে শূন্য! সাহেবরা আটটা ন'টার মধ্যে সবাই বাড়ি চলে গেছেন।"

মাস্টারদা বলল - "ঐ নিয়ে তোমরা মন খারাপ করো না। চট্টগ্রাম শহর আমাদের দখলে, প্রতিশোধ আমরা নেবই।"

সেদিনের সমস্ত আক্রমণের শেষে রাতের অন্ধকারে ধাওয়া দিলেন জঙ্গলের দিকে, যেতে যেতে তারা আশ্রয় নিলেন জালালাবাদ পাহাড়ে। আর সেখানেই কেটে গেল চারদিন।

বিপ্লবীরা জানেন ব্রিটিশ বাহিনী তাদের খোঁজে আসবেন। তাই সবাই নিজ নিজ দায়িত্বে ছিলেন। সবাই রাইফেল হাতে প্রস্তুত ছিলেন। নরেশ দেখতে পেলেন একজন লোক এদিকেই আসছে, খবরটি গিয়ে অনন্ত সিংকে বললেন - "একজন লোক পাগলামির ভান করে এদিকেই আসছে; আমরা তাকে হাতকড়া পরিয়ে বেধে রেখেছি। মনে হচ্ছে সে পুলিশের লোক সাদা পোশাকে এসেছে - একে নিয়ে কী করবো?"

অনন্ত বলল - "চল গিয়ে দেখি সে কে।" তাকে দেখে পুলিশের মতোই লাগলো। তবুও অনন্তের মন চাইলো না তাকে দণ্ড দেওয়ার। "থাক সে পড়ে। পরিচয় পেলে তাকে ছেড়ে দিও।" সে লোকটি কোন পরিচয় দিলেন না এবং তাঁকে ছেড়েও দিল না।

দিনটি ছিল ২২শে এপ্রিল ১৯৩০ সাল, সশস্ত্র ব্রিটিশ বাহিনী এসে হাজির হলো জালালাবাদ পাহাড়ে। এর পর শুরু হলো ভয়ঙ্কর লড়াই, লড়াই চলতে চলতে আবার কিছুক্ষণ থেমে থাকলো। দ্বিতীয়বার আবারো লড়াই শুরু হলে জয়ী হন তারা। এরপর শুরু হলো তৃতীয় লড়াই, লড়াই পৌঁছে গেছে ভয়ানক অবস্থায়।

ব্রিটিশ মেশিনগানের গুলি এসে বিধুর মর্মস্থল ভেদ করলো। তার হাত থেকে বন্দুকটি ছিটকে পড়ে গেলো। শরীরটা মোচড় দিয়ে চিৎ হয়ে স্থির হয়ে গেল। বিধু অন্তিম নিশ্বাস শেষ হওয়ার আগে নরেশ রায়কে উদ্দ্যেশ্য করে বললো - 'নরেশ চললাম... তুমিও আইও... তোমারে Receive করুম!' - ( নরেশ চলি - তুমি এসো - তোমাকে স্বাগত জানাবো)।"

বিধু ভট্টাচার্য জালালাবাদ পাহাড়ে নরেশের কাছ থেকে চির বিদায় নিয়ে চলে গেলেন, আর বলে গেছে - নরেশকে অভ্যর্থনা করার জন্য সে এপেক্ষায় থাকবেন। তাই হয়তো নরেশ বন্ধুর আকুল প্রতিক্ষা আর উপেক্ষা করতে পারলেন না। হাতের রাইফেল শক্ত করে ধরে গুলি চালাতে থাকলেন। বন্ধু বিধুর রক্তের বদলা চাই, শত্রুর রক্তে। হাওয়ার বেগে মেশিনগানের গুলি আসছে, নিজের আত্মরক্ষার কোন খেয়াল নেই। বন্ধুর মৃত্যুর বদলা নিতেই হবে।

মাঝে মধ্যেই নরেশ মাথা উচুঁ করে মেশিনগানের আগুন লক্ষ করে গুলি ছুরছেন! এমন সময় মেশিনগানের গুলি এসে তার বক্ষ ভেদ করে বেরিয়ে গেলো। সঙ্গে সঙ্গেই তিনি রাইফেল হাতে মাটিতে লুটিয়ে পড়লো - নিমেষেই চিরবিদায় নিয়ে চলে গেলেন। যেন তার খুব তারা ছিল, বন্ধু বিধুর আমন্ত্রণ যে রক্ষা করতে হবে।

নরেশ রায় ও বিধু ভট্টাচার্য খুবই ঘনিষ্ট বন্ধু ছিলেন। একই সঙ্গে ডাক্তারি পাশ করেছেন। এক মেসেই থাকতো তারা। একই সঙ্গে জালালাবাদ রণাঙ্গনে মৃত্যুবরণ করলেন।

# বিধুভূষণ ভট্টাচার্যের
## (বিধু ভট্টাচার্য)

সন ১৯৩০ সালের ১৮ই এপিল চট্টগ্রাম অস্ত্রাগার আক্রমণে বিপ্লবী কর্মকাণ্ডে বিধুভূষণ ভট্টাচার্য অংশগ্রহণ করেন। জালালাবাদ পাহাড়ের যুদ্ধে বিজয়ী বাহিনীর অন্যতম ছিলেন তিনি। গুলিবিদ্ধ হয়ে যুদ্ধক্ষেত্রেই মারা যান।

বিধুভূষণ ভট্টাচার্যের জন্ম হয়েছিল ব্রাহ্মণবাড়িয়া জেলার লেসিয়ারায়। নিম্ন মধ্যবিত্ত পরিবারের সন্তান ছিল তিনি। চট্টগ্রাম যুব বিদ্রোহের অন্যতম বিপ্লবী নরেশ রায়ের সহপাঠী ও সমবয়সী ছিলেন। ম্যাট্রিক পাশ করার পর বিধুভূষণ ডাক্তারি পড়ার জন্য কুমিল্লা থেকে চট্টগ্রামে যান। সেই মেডিকেল স্কুলেই সহপাঠী হিসেবে পান বিপ্লবী নরেশ রায়কে। ছোটবেলা থেকেই তাকে দারিদ্রের সঙ্গে লড়াই করে পড়াশোনা করতে হয়েছিল।

বিধু অনেক সময় তাঁর বোর্ডিংয়ের খাবার চালাতে পারতেন না। তাঁর জন্য সস্তা হোটেলের সর্বনিম্নস্তরের খাবার খেয়ে খিদের জ্বালা মেটাতেন। কিন্তু তাঁর দারিদ্রের নিপীড়ন হাস্যমুখরিত নিশ্চিত মনকে কখনো ভারাক্রান্ত করতে পারেনি। "কুছ পরোয়া নেই" এই ছিল তার জীবনের মূলমন্ত্র।

তার কথাবার্তায় মানুষকে সব সময় হাসতেন তিনি। তার রসিকতায় কখনও কোন একঘেমি পাওয়া যেত না। নিত্য নতুন উপাদানে সমৃদ্ধ থাকতো তার রসের ভাণ্ডার।

ব্যায়াম চর্চাতেও ছিল তার অসাধারণ পারদর্শিতা। তার বলিষ্ঠ ব্যায়ামপুষ্ট শরীর ক্লাবের সদস্যদের ঈর্ষার বস্তু ছিলো। চট্টগ্রামের অন্যতম বক্সার ছিলেন তিনি। মস্তানদের আওতায় আনার জন্য বিধু ছিলেন অদ্বিতীয়, শহরের মস্তানরা তাকে যমের মতো ভয় করত।

সহপাঠী নরেশ রায়ের সাহায্যে যোগ দিলেন বিপ্লবী দলে। মাস্টারদার ডাকে সাড়া দিয়ে তার রক্তে লেগেছে সর্বনাশের নেশা।

বিধু ভট্টাচার্য স্বর্ণপদক নিয়ে ডাক্তারি পাশ করেছেন তো বটে, কিন্তু সাধারণ মানুষের সেবা করা আর হলো না। সে মাস্টারদার মুখে শুনেছেন - "ব্রিটিশ শাসক আমাদের দেশের কল্যাণের পথ রুদ্ধ করে দিয়েছেন।" চট্টগ্রামের সাধারণ যুবকেরা বলাবলি করতেন বিধুভূষণ ভট্টাচার্য ও নরেশ রায় হলো, গণেশ ঘোষ ও অনন্ত সিংহের ডান ও বাম হাত। বিধু ভট্টাচার্যের কর্মদক্ষতাও ছিলো অসাধারণ।

১৯৩০ সাল, চট্টগ্রাম কংগ্রেস অফিসে বিস্ফোরক দ্রব্য সামগ্রী প্রস্তুতের সময় বিপ্লবী তারকেশ্বর দস্তিতার গুরুতর ভাবে আহত হন। তাকে শহর থেকে গ্রামে লুকিয়ে রাখার জন্য, মেডিকেল কলেজের বিধু ভট্টাচার্য, নরেশ রায়, মহিরা গ্রামের যতীন দাস ও ধোরলা গ্রামের সুশীল দে তারকেশ্বরকে নিয়ে খেয়াঘাটে যান। তারকেশ্বরকে সাম্পানে উঠিয়ে দেওয়ার জন্য। খেয়াঘাটে আসার আগে স্থানীয় একদল লোক রাস্তা আটকে রাখেন। তারকেশ্বরকে ব্যান্ডেজ বাঁধা অবস্থায় দেখে তাদের সন্দেহ হয়। বিধু ভট্টাচার্য, নরেশ রায় ও বিপ্লবীদের ফিরে আসতে দেরি হচ্ছে দেখে, অনন্ত সিং ও গণেশ ঘোষ দেখতে এলেন। ভির দেখে অনন্ত ও গণেশ জোর গলায় বললেন - "কন হ্যায়?" সাথে সাথ পথরোধকারী লোকজন ভয়ে পালিয়ে গেলেন। তারপর তারকেশ্বরকে সাম্পানে উঠিয়ে দেওয়া হয়।

এবার মাস্টারদা সূর্যসেনের ডাকে শুরু হলো চট্টগ্রাম অস্ত্রাগার আক্রমণ। আক্রমণের সমন্ধে চলছে নানা পরিকল্পনা। আক্রমণ করবেন ঠিকই, কিন্তু চাই দু-খানা গাড়ি। গাড়ির ড্রাইভারকে ক্লোরোফর্ম দিয়ে অজ্ঞান করে ঘন্টা তিনেক গাড়িটি তারা নিজেদের আয়ত্তে রাখতে চান। এই ক্লোরোফর্ম'র পরীক্ষার দায়িত্ব দেন মেডিকেল কলেজের 'Gold Medalist' ছাত্র বিধু ভট্টাচার্য ও নরেশ রায়কে।

১৮ই এপ্রিল ১৯৯৩০ সাল, বিধুভূষণ থাকবেন পুলিশ লাইন আক্রমণে। সেদিন রাইফেলধারী প্রহরী নিঃশব্দে পায়চারি করছিল। পাশেই ছিল গার্ডরুম বাকি সৈনিকরা বিশ্রাম বা ঘুমাচ্ছিল সেখানে। গণেশ ঘোষের নেতৃত্বে দ্বিতীয় দলটি অনন্ত সিং, বিধু ভট্টাচার্য, হরিপদ মহাজন, সরোজ গুহ ও হিমাংশু সেন গাড়ী করে এসে পুলিশ লাইনে এসে থামেন।

তখন রাত প্রায় দশটা। সান্ত্রীর থেকে তিন হাতের দূর অনন্ত সিং ও গণেশ ঘোষের পিস্তল এক সঙ্গে গর্জন করে উঠলো। সঙ্গে সঙ্গে সান্ত্রী একটি মূল উপড়ানো গাছের মতো কাপতে কাপতে মাটিতে গড়িয়ে পড়লো। সান্ত্রীকে গুলী করার সঙ্গে সঙ্গেই সবাই 'ইনক্লাব জিন্দাবাদ', সাম্রাজ্যবাদ ধ্বংস হোক', 'বিপ্লব দীর্ঘজীবী হোক' এবং সকলে ফায়ার করতে লাগলেন, যেন কোন প্রহরী হাতে রাইফেল তুলে নিতে না পারে।

সেদিন তারা অস্ত্রাগারের দরজা ভেঙে রাইফেল, রিভলবার ও কার্তুজ সহ পুলিস লাইন অধিকার করে নেন। মাস্টারদার কথা মতো ব্রিটিশ ইউনিয়ন জ্যাক খুঁজে আগুনে পুড়িয়ে দেওয়া হয়।

এবার বিজয়ের খুশিতে জাতীয় পতাকা তোলা হয়। খোলা আকাশের দিকে তিন-তিন বার বন্দুক গর্জন করে সেলুট দেওয়া হয়। এরপর রাতের অন্ধকারে বেরিয়ে পড়লেন নিরাপদ আশ্রয়ের সন্ধানে। শেষে জালালাবাদ পাহাড়ে গিয়ে আশ্রয় নিলেন। জালালাবাদ পাহাড়ে চারদিন ক্ষুধার্থ-তৃষ্ণায় কাটিয়ে দিলেন।

২২শে এপ্রিল ১৯৩০ সাল। সশস্ত্র ব্রিটিশ বাহিনী এসে হাজির হলো জালালাবাদ পাহাড়ের নীচে। যুদ্ধ অনিবার্য, সবার মুখে মুখে খবর পৌঁছে গেলো। তারা নিজ নিজ বন্দুক ও রিভলভার পরিক্ষা করে নিলেন - ট্রিগার, স্টাইকিং ও চেম্বারে টোটা ভর্তি আছে কিনা।

যুদ্ধ অনিবার্য, আশেপাশেই মৃত্যুর ছায়া। সকলই বুঝতে পড়লেন পরীক্ষার চরম মুহূর্ত এসে গেছে। তবুও সকলকের হাসি-ঠাট্টা আর গেলোনা। নির্মল সেন বললেন - 'অম্বিকাদা আজ হয়তো মরতেই হবে।

তবে মরবার আগে চপ কটলেট খেতে ইচ্ছে করছে।' অম্বিকা চক্রবর্তী হেসে বললো - 'যুবক সাথীরা যুদ্ধের অভিলাষে সময় গুনছে। সশস্ত্র সংগ্রামের তীব্র ক্ষুদা যাঁদের, তাদের কি এখন চপ কটলেট খেতে ইচ্ছে করবে?' অম্বিকা চক্রবর্তীর কথা শেষ হওয়ায় আগেই স্বর্ণপদকধারি কৃতি যুবক ডাক্তার বিধু ভট্টাচার্য হাসির ফোয়ারা চুটিয়ে বলল - "একি বলছেন অম্বিকাদা? আপনি তো কেবল রথ দেখার কথাই বলছেন, আমরা যে রথও দেখবো, কলাও বেচবো - যুদ্ধও করবো, আবার চপ কটলেটও খাবো।

বিভিন্ন গ্রুপে বিপ্লবীরা পাহাড়ের ওপর ছড়িয়ে আছে। শুরু হলো জালালাবাদ পাহাড়ে ঐতিহাসিক লড়াই। একদিকে ব্রিটিশ বাহিনীর কার্তুজ ও রাইফেলের গুলি বর্ষণ, অন্যদিকে বিপ্লবীদের গুলি বৃষ্টি। হঠাৎ তিন-চারটি গুলি এসে একসঙ্গে বিধুর গায়ে লাগে। গুলিবিদ্ধ হয়েও পাশে থাকা লোকনাথ বলকে বললেন - 'লোকাদা! লোকাদা! এতক্ষণে হাঁদাইছে।' (লোকাদা, এতক্ষণ পরে গুলী লেগেছে)। কী আশ্চর্য! এতক্ষন সে একটি গুলি লাগার জন্য আকুল প্রতীক্ষা করেছেন। গুলিটি লেগেছিল বলেই আনন্দের সংবাদটি লোকনাথ বলকে বললেন। আবার কয়েকটি গুলি এসে বিধুকে আঘাত করলো। বিধু ডাক্তার বলেই হয়তো রাইফেলের গুলি তার বক্ষ ভেদ করতে ইতস্তত করছেন।

একটার পর একটা গুলি এসে বিধুভুষণ ভট্টাচার্যের গায়ে লাগে, তখন বিধু নিজের মনে বলে উঠল - 'আরে! কত আর হাঁদাবি? হাঁদাস যখন আশে পাশে হাঁদাস কিয়ের লাগি? বুকে হাঁদাসনা কেন?- (কত আর ঢুকবি? ঢুকছিসই যখন, তখন আর আশে পাশে কেন? বুকে ঢুকছিস না কেন)।

সময় থাকলে হয়তো আরো অনেক কিছু বলতো। কিন্তু সেই সুযোগটা আর পাননি, ব্রিটিশ মেশিনগানের গুলি এসে বিধুর মর্মস্থল ভেদ করলো। তার হাত থেকে বন্দুকটি ছিটকে পড়ে গেলো। শরীরটা মোচড় দিয়ে চিৎ হয়ে স্থির হয়ে গেল। বিধু অন্তিম নিশ্বাস শেষ হওয়ার আগে নরেশ রায়কে

উদ্দেশ্য করে বললো - 'নরেশ চললাম... তুমিও আইও... তোমারে Receive করুম!' - (নরেশ চলি - তুমি এসো - তোমাকে স্বাগত জানাবো)।"

এই সমস্ত ঘটনার সাক্ষী ছিলেন লোকনাথ বল, তিনি পাশেই ছিলেন। লোকনাথ তার কথা শুনে অভিভূত হয়ে পড়েছিলেন। ভাবা যায় জালালাবাদ পাহাড়ে গুলিবিদ্ধ বিধু, ক্ষত-বিক্ষত অবস্থায় শেষ প্রহর গুনছেন। তখনো তিনি তার বন্ধুদের সঙ্গে হাস্য পরিহাস করতে করতে চির বিদায় নেন।

# জিতেন দাশগুপ্ত

সত্যিই অসাধারণ প্রতিভা ছিল বাংলার তরুণ বিপ্লবী যুবকদের। খুব কম বয়সেই হাতে পিস্তল নিয়ে রণক্ষেত্রে উপস্থিত হয়েছিল। বুকের ছাতি উচু করে দাঁড়িয়ে ছিল ব্রিটিশ সেনাবাহিনীর সামনে, মনে হয় এদের জন্ম হয়েছিল মাতৃভূমির রক্ষার স্বার্থে। শেষে রণক্ষেত্রে প্রাণ বিসর্জন দিয়ে জন্ম নেবে নতুন সূর্যের মুখ দেখতে। নতুন সূর্য উদিত হওয়া মানে মাতৃভূমির স্বাধীনতা। এই স্বাধীনতা তোমার আমার আমাদের সবার, আজ এখানে আমি যার কথা বলবো তিনি হলেন জিতেন দাশগুপ্ত। তিনি জালালাবাদের যুদ্ধে অংশগ্রহণ করে মৃত্যুবরণ করেন।

জিতেন দাশগুপ্তের সমন্ধে বিশেষ কিছু তথ্য পাওয়া যায়নি। তবে যেটুকু তথ্য পাওয়া গেছে তাই তুলে ধরার চেষ্টা করলাম।

জিতেন দাশগুপ্তের জন্ম হয়েছিল চট্টগ্রামের গৈরলা গ্রামে। তিনি থাকতেন রেঙ্গুনে, সেখানেই সে বেঙ্গল একাডেমিতে পড়াশোনা করতেন। তারপর তিনি চট্টগ্রাম অস্ত্রাগার আক্রমণের কিছুদিন আগে রেঙ্গুন থেকে চট্টগ্রামে ফিরে আসেন। কিছুদিনের মধ্যেই সে চট্টগ্রাম বিপ্লবী দলের সংস্পর্শে আসে। ধীরে ধীরে তার সঙ্গে বিপ্লবী দলের সম্পর্ক ঘনিষ্ট হতে লাগলো।

পরে বিপ্লবী দলের সংস্পর্শ ঘনিষ্ট হলে যোগ দিলেন চট্টগ্রামের বিপ্লবী দলে। তার উৎসাহ ও কর্মকাণ্ডের গুনে বিপ্লবী সদস্যদের বিশ্বাসযোগ্য কর্মী হয়ে উঠেন। এর কিছুদিনের মধ্যেই ঠিক হলো চট্টগ্রামের অস্ত্রাগার আক্রমণ করবেন। দিনক্ষণ ঠিক হলো ১৮ই এপ্রিল ১৯৩০ সাল, তারা আর্থিক সমস্যায় পড়লে সবার মতো জিতেন দাশগুপ্তও সাহায্যের হাত বাড়িয়ে দেয়।

শেষে ১৮ই এপ্রিল ঐতিহাসিক দিনটিতে সুসজ্জিত হয়ে বেরিয়ে পড়লেন এক নতুন ইতিহাসের অধ্যায় খুলতে। চট্টগ্রাম অস্ত্রাগার আক্রমণের সময় তিনি মাস্টারদার নির্দেশে পুলিশ লাইন আক্রমণে অংশগ্রহন করেন। সেদিন তারা অস্ত্রাগারের দরজা ভেঙে রাইফেল, রিভলবার ও কার্তুজ সহ পুলিস লাইন অধিকার করে নেন। মাস্টারদার কথা মতো ব্রিটিশ ইউনিয়ন জ্যাক খুঁজে আগুনে পুড়িয়ে দেওয়া হয়। সেখানেই হালকা যুদ্ধে জড়িয়ে পড়তে হয় বিপ্লবীদের।

এবার বিজয়ের খুশিতে জাতীয় পতাকা তোলা হয়। খোলা আকাশের দিকে তিন-তিন বার বন্দুক গর্জন করে সেলুট দেওয়া হয়। এরপর রাতের অন্ধকারে বেরিয়ে পড়েন সেখান থেকে। চারদিক অন্ধকার আর অন্ধকার তবুও তাদের চোখ পাহাড় জঙ্গল পেরিয়ে শেষে আশ্রয় নেয় জালালাবাদ পাহাড়ে। চারদিন কেটে যায় জালালাবাদে, ক্ষুধার্ত জলের তৃষ্ণায় প্রায় অসুস্থ্য হয়ে পড়েন সকলেই।

এলো সেই দিন ২২শে এপ্রিল। বিপ্লবীরা জালালাবাদ পাহাড়ের চূড়ায় অবস্থান নেয়। পাহাড়ের নিচে হাজির হলো একদল ব্রিটিশ সেনাবাহিনী। শুরু হয় তাদের মধ্যে ভীষণ ভয়াবহ যুদ্ধ। ব্রিটিশ সশস্ত্র সেনাবাহিনীর সঙ্গে অবিরাম যুদ্ধে করেই চলেছে। এক সময় একের পর এক বিপ্লবী সৈনিক প্রাণ দিচ্ছেন ব্রিটিশ সৈনিকের গুলিতে। তবুও তার কোন ভ্রুক্ষেপ নেই। হঠাৎ একঝাঁক গুলি এসে জিতেন দাশগুপ্তের শিরদাঁড়া সমেত ঘরের অর্ধেক মাংস উরিয়ে নীল। ক্ষনিকের মাঝেই জিতেনের চোখের পাতা বন্ধ হয়ে গেল। নিভে গেল তার প্রাণ প্রদীপ। জালালাবাদের যুদ্ধে রক্তের স্বাক্ষর রেখে মৃত্যুবরণ করলেন তিনি।

জালালাবাদের মাঠি ধন্য হলো এই বীর বিপ্লবীর রক্তে। এর জন্য আমরাও গর্ব করে বলতে পারি, আমরা গর্বিত আমরা বাঙালি। জয় বাংলা।

# মতিলাল কানুনগো

## (মতি কানুনগো)

শহীদের রক্ত হবে না ব্যর্থ। স্বাধীনতা সংগ্রাম, এ এক মহা সংগ্রাম যার জন্য শত তরুণ যুবক হয়েছিল বলিদান। ছেড়ে চলে যেতে হয়েছিল ঘর-সংসার দেশের স্বার্থে। কাউকে হতে হয়েছে পুত্র হারা, কেউ হয়েছে স্বামী হারা আর কেউ হয়েছে পিতা হারা। এই সকল শহীদের রক্তে ধন্য হয়েছিল ভারত মাতৃভূমি, সাথে সকল দেশবাসী। চলো তাহলে শুনে নেওয়া যাক বিপ্লবী মতিলাল কানুনগোর সমন্ধে কিছু কথা। যিনি জালালাবাদ পাহাড়ের ঐতিহাসিক অভিযানে বীরের মতো লড়াই করে মৃত্যুবরণ করেন।

মতিলাল কানুনগো জন্মগ্রহণ করেছেন ১৯১৩ সালে চট্টগ্রামের কানুনগো পাড়ায়। তার পিতার নাম ছিল দুর্গা মোহন কানুনগো। কলেজিয়েট স্কুলে একই সঙ্গে পড়াশোনা করতেন মতিলাল কানুনগো ও আনন্দ প্রাসাদ গুপ্ত (আনন্দ প্রাসাদ গুপ্ত ছিলেন চট্টগ্রাম যুব বিদ্রোহের অন্যতম বিপ্লবী)। পড়াশোনায় মতিলাল কানুনগো বেশ ভালো ছিলেন, কিন্তু সংসারের অভাব অনটন খুব একটা ভালো ছিলনা তাদের। তার পিতা দুর্গা মোহন কানুনগো ছিলেন প্রতিষ্ট হোমিপ্যাথিক চিকিৎসক।

মতিলাল কানুনগো বসবাস করতেন চট্টগ্রাম শহরের নন্দকানন এলাকার কাউতলা পাড়ায়। তিনি ১৯৩০ সালে মেট্রিক পরীক্ষা দেন সঙ্গে ছিলেন বিপ্লবী আনন্দ প্রাসাদ গুপ্ত। তারপর যোগ দিলেন বিপ্লবী দলে, মন প্রাণ সব বিপ্লবের কাজে দান করলেন। তিনি সবসময় ভাবতেন কি করে একজন সার্থক বিপ্লবী হওয়া যায়। কি করে নব ভারত প্রতিষ্ঠা করবেন। রাজনৈতিক দাসত্ব থাকাকালীন দেশের কল্যাণ কখনই সম্ভব নয়। বিপ্লবকে সফল করতে এমন কোন কাজ নেই যে কাজ মতিলাল কানুনগো পারতেন না। তিনি অনায়াসে সব করতেন।

মাস্টারদা নির্দেশ দিয়েছেন মতিলালকে বন্দুকের নিশানা শিখতে হবে, কিন্তু বন্দুক কোথায় পাবেন। সে সময় পরাধীন দেশে তাদের পক্ষে বন্দুক রাখা আইনি অপরাধ। তিনি চিন্তা ভাবনা করলেন তার প্রতিবেশী মিহির বসুর পিতা আশুবোধ বসু সরকারি উচ্চপদস্থ কর্মকর্তা। তার একটা বন্দুক আছে, তাই তিনি কি করলেন মিহির বসুর সঙ্গে বন্ধুত্বের ভাব জমালেন। ওহ মিহির বসুর সঙ্গে মতিলালের খুব সুন্দর একটা সম্পর্ক সৃষ্টি হলো। মিহির বসুকেও বিপ্লবের আহ্বান জানিয়েছেন মতিলাল, শেষে মতিলালের আশা পূর্ণ হলো। মিহির বসু ও মতিলাল সহ আরো কয়েকজন মিলে মিহির বসুর বাবার বন্দুকটি চুপিসাড়ে নিয়ে বিকেল বেলা প্রশিক্ষণ নিতেন।

মতিলালের আহ্বানে মিহির বসু খুব ভালো একজন বিপ্লব ভক্ত হয়ে উঠলেন। মিহির দেশের কল্যাণ করতে সব কিছু করতে পারেন। কিন্তু এই বিপ্লব শক্তিশালী করতে চাইলে চাই অস্ত্র-শস্ত্র, গোলা-বারুদ আর আর্থ। কিন্তু কোথায় পাবেন এই সব। এবার মাস্টারদা সূর্যসেন সহ সকলে পরিকল্পনা করতে লাগলেন। আমাদের দেশের সম্পদ যাঁরা লুট করেছে, নাহয় তাদের কাছ থেকেই ছিনিয়ে নেওয়া যাক। শেষ পর্যন্ত সিদ্ধান্ত হলো চট্টগ্রামের অস্ত্রাগার আক্রমণ করবেন।

এরপর এলো সেই দিন ১৮ই এপ্রিল ১৯৩০ সাল, চট্টগ্রামের অস্ত্রাগার আক্রমণে যোগ দিলেন মতি ও মিহির বসু। মিহির আগের দিন অর্থাৎ ১৭ই এপ্রিল তার পিতার বন্দুকটিও চোর করে এনে দিলেন বিপ্লবী দলে। চট্টগ্রাম অস্ত্রাগার আক্রমণের সময় মতিলাল পুলিস লাইন আক্রমন অংশগ্রহন করেন। সেদিন তারা অস্ত্রাগারের দরজা ভেঙে রাইফেল, রিভলবার ও কার্তুজ সহ পুলিস লাইন অধিকার করে নেন। মাস্টারদার কথা মতো ব্রিটিশ ইউনিয়ন জ্যাক খুঁজে আগুনে পুড়িয়ে দেওয়া হয়।

এবার বিজয়ের খুশিতে জাতীয় পতাকা তোলা হয়। খোলা আকাশের দিকে তিন-তিন বার বন্দুক গর্জন করে সেলুট দেওয়া হয়। এরপর রাতের অন্ধকারে বেরিয়ে পড়লেন নিরাপদ আশ্রয়ের সন্ধানে। শেষে

জালালাবাদ পাহাড়ে গিয়ে আশ্রয় নিলেন। জালালাবাদ পাহাড়ে চারদিন ক্ষুধার্থ-তৃষ্ণায় কাটিয়ে দিলেন।

এলো সেই দিন ২২শে এপ্রিল। জালালাবাদ পাহাড়ে প্রতিটি যুদ্ধেই বীরের মতো লড়াই করেছিলেন মতিলাল। সেই যুদ্ধে গুরুতর ভাবে আহত হয়ে জ্ঞান হারান তিনি। প্রথম যুদ্ধে বিপ্লবীরা জয়ী হন। পরে পুলিশ আবার আক্রমণ  করেন। চলল তুমুল লড়াই, মেশিনগানের গুলি এসে লাগলো অম্বিকা চক্রবর্তীকে। তিনি যুদ্ধ ক্ষেত্রে প্রাণ দিয়েছেন বিপ্লবীরা সোনা মাত্রই বজ্রকণ্ঠে ধ্বনিত হলো - প্রতিশোধ চাই, প্রতিশোধ চাই। বিপ্লবীদের হাতের বন্দুক যেনো আরো তেজ হতে লাগলো।

অনবরত গুলি চলছে - কারো কোন ভ্রুক্ষেপ নেই, পরোয়া নেই - শত্রুর ধ্বংস চাই। পাল্টা জবাব হানছে মেশিনগানের গুলি। বেশ কয়েকটি গুলি এসে মতিলালকে স্পর্শ করল, মাটিতে লুটিয়ে পড়লো মতি। তিনি কোন কথাই বলতে পারছেন না। শুধু টার গোঁঙানির শব্দ শোনা যাচ্ছিল। তার ঠোঁট গুলি কেপে উঠছে, মনে হচ্ছে যেন জল চাইছেন। খানিক দূরেই ছিল সুবোধ রায়, তিনি মতির দিকে তাকালেন, মতি জল চাইছে। কিন্তু কি করে তাকে জল দেওয়া যায়। তাকে জল দিতে যাওয়া মানে মৃত্যুর মুখে পা বাড়ানো। কিন্তু মতিকে যে জল খাওয়াতেই হবে। সুবোধ বুক ঘষে ঘষে ওয়াটার ক্যারিয়ার নিয়ে মতির কাছে জল নিয়ে গেলো। জলপাত্র খালি ছিল প্রায়, অবশিষ্ট দু-তিন ফোঁটা জল তৃষ্ণা মেটাতে পড়লো না মতির।

মতি চিনতেই পারলো না কে জল দিয়ে গেলো তাকে। কিছু বলতেও পারলো না। সুবোধ জল দিয়ে নিজের জায়গায় ফিরে গেলেন। পরদিন ২৩শে এপ্রিল সকাল বেলা জল জল বলে আওয়াজ করছিলেন তিনি, কিন্তু বর্বর ব্রিটিশ সেনাবাহিনী যুদ্ধ বন্দির সুযোগও দেয়নী মতিলালকে। সেখানে উপস্থিত ছিলেন ব্রিটিশ অফিসার ও ডাক্তার ও ভারতীয় সেনাবাহিনী, খুঁজে পেলেন জীবিত মতিকে। নিশ্বাস তখনও চলছিল, ডাক্তার ওয়েলডন সাহেব পরীক্ষা করে দেখলেন মতির বাঁচার কোন

উপায় নেই। হাসপাতালে পাঠানো প্রয়োজন মনে করলো না। তাই ওয়েলডন সাহেব মরফিয়া ইনজেকশন দিয়ে সেখানেই রেখে দেন।

মতির হৃৎযন্ত্রের ক্রিয়া তখনও বন্ধ হয়নি, বন্ধ হওয়ার আগেই জ্বলন্ত আগুনের চিতায় ফেলে দিলেন, যেটুকু বাঁচার আশা ছিল। সেটাও শেষ হয়ে গেল। জ্বলন্ত চিতায় জীবন্ত মতিলালকে পড়ানো হলো। শেষ হলো জালালাবাদ যুদ্ধে মতি কানুনগোর প্রাণ প্রদীপ।

# অর্ধেন্দু দস্তিদার

অর্ধেন্দু দস্তিদারে জালালাবাদ পাহাড়ের যুদ্ধে এক অন্যতম শহীদ। মাস্টারদা সূর্যসেনের ডাকে সাড়া দিয়ে যোগ দিয়েছেন বিপ্লবী কর্মকাণ্ডে। তার জন্ম হয়েছিল ১৯১১ সালে চট্টগ্রামের ধলঘাটে এক মধ্যবিত্ত পরিবারে। তার পিতার নাম ছিল চন্দ্রকুমার দস্তিদার। তারা তিন ভাই একই সশস্ত্র বিপ্লবী আন্দোলনের সাথে সক্রিয় ভাবে জড়িত ছিলেন। জ্যেষ্ঠ ভ্রাতার নাম পূর্ণেন্দু দস্তিদার চট্টগ্রাম বিদ্রোহে জড়িত ব্যক্তিত্ব ও ছোট ভাই সুখেন্দু দস্তিদার চট্টগ্রাম যুববিদ্রোহের সর্বকনিষ্ঠ বিপ্লবী ছিলেন।

সন ১৯২৫ সালে অর্ধেন্দু দস্তিদার বিপ্লবী দলে যোগদান করেন। মাস্টারদা সূর্যসেন যখন কারাগারে বন্দী, তখন অর্ধেন্দু কয়েকজন কর্মী সদস্যদের নিয়ে সংগঠনের কাজ চালিয়ে যান। একজন সহজ সরল কর্মী ছিলেন তিনি, এর জন্য মাস্টারদা সূর্যসেন তাকে খুব ভালো বাসতেন। একজন আদর্শ বুদ্ধিমান বিপ্লবী কর্মীর উদাহারণ দিতে হলে মাস্টারদা সূর্যসেন অর্ধেন্দু দস্তিদারের নাম উল্লেখ করতেন।

অর্ধেন্দু দস্তিদারের পিতা ছিলেন অহিংসাবাদী স্বদেশীভাবাপন্ন, বিপ্লবীদের সঙ্গে জড়িত থাকা তাঁর মতবিরুদ্ধ ছিল। এর জন্যই অর্ধেন্দুকে বাড়ির অনেক নির্যাতন সহ্য করতে হয়েছিল। শেষে অর্ধেন্দু চিন্তা ভাবনা করে দেখলেন, বিপ্লবের পথে চলতে হলে তাকে ঘর ছাড়া হতে হবে। শেষে তাই করলেন তিনি, এভাবেই চিরদিনের জন্য পিতা পুত্রের বিচ্ছেদ ঘটে গেলো। এর পর তিনি মাস্টারদা সূর্যসেনের কাছেই কংগ্রেস অফিসে থাকতেন।

এরপর কিছু সময় তিনি হোমিওপ্যাথী স্কুলে পড়াশোনা করেন। পরে আর্থিক সমস্যার কারণে তাকে পড়াশোনা ছাড়তে হয়। তারপর থেকে

তিনি সর্বক্ষণের কর্মী হিসাবে সংগঠনের কাজেই সমস্ত সময় ব্যয় করতেন।

অল্প বয়স থেকেই অর্ধেন্দু জনহিতকর সব সময় এগিয়ে যেতেন। রামকৃষ্ণ আশ্রমের সেচ্ছাসেবক রুপে তিনিই প্রথম জনসেবার ক্ষেত্রে খ্যাতি অর্জন করেন। ১৯২৬ সালে রামকৃষ্ণ আশ্রমের পক্ষ থেকে তিনি বাত্যাবিধবস্ত মির্জাপুরে যান রিলিফের দায়িত্ব নিয়ে। চট্টগ্রাম অস্ত্রাগার আক্রমণের পূর্বে বোমা তৈরি করার সময় বোমাটি ফেটে গিয়ে গুরুতর ভাবে আহত হন ও অর্ধেন্দুর শরীরের বিভিন্ন স্থান পুড়ে যায়। শরীরের মাংস ঝুলে ঝুলে পড়ে। জায়গায় জায়গায় শরীরের হাড় পর্যন্ত দেখা যায়। ঘটনাটি জানা জানি হয়ে যাওয়ার ভয়ে সমস্ত যন্ত্রণা শুধু মাত্র আহা, উহুর মধ্যে লুকিয়ে রেখে সব কষ্ট ভোগ করে নেন। পুলিশ এই ঘটনার বিন্দু মাত্র অনুমান করতে পারেনি। শরীর ঘা সেরে না উৎতেই আবার ঝাঁপিয়ে পড়লেন যুব বিদ্রোহে।

শরীর অসুস্থ, এদিকে ১৮ই এপ্রিল মাস্টারদার নির্দেশ অনুযায়ী চট্টগ্রাম অস্ত্রাগার আক্রমণ করতে হবে। বিপ্লবীরা অনেক করে বোঝালেন, যে এই অসুস্থ শরীর নিয়ে তোমাকে আক্রমণে যেতে হবে না। কিন্তু কে শুনে কার কথা শেষে তিনি অংশগ্রহণ করেই ছাড়লেন।

শারীরিক অসুস্থতা সত্ত্বেও অর্ধেন্দু পুলিশলাইন আক্রমণে অংশগ্রহণ করেছিলেন। সেদিন তারা অস্ত্রাগারের দরজা ভেঙে রাইফেল, রিভলবার ও কার্তুজ সহ পুলিস লাইন অধিকার করে নেন। মাস্টারদার কথা মতো ব্রিটিশ ইউনিয়ন জ্যাক খুঁজে আগুনে পুড়িয়ে দেওয়া হয়।

এবার বিজয়ের খুশিতে জাতীয় পতাকা তোলা হয়। খোলা আকাশের দিকে তিন-তিন বার বন্দুক গর্জন করে সেলুট দেওয়া হয়। এরপর রাতের অন্ধকারে বেরিয়ে পড়লেন নিরাপদ আশ্রয়ের সন্ধানে। শেষে জালালাবাদ পাহাড়ে গিয়ে আশ্রয় নিলেন। জালালাবাদ পাহাড়ে চারদিন ক্ষুধার্থ-তৃষ্ণায় কাটিয়ে দিলেন।

এলো সেই দিন ২২শে এপ্রিল। ছুটে এলেন ব্রিটিশ সৈন্যবাহিনী, ক্ষণিকের মাঝেই শুরু হলো অন্য দিকে মেশিনগানের গুলি বৃষ্টি আর অন্যদিকে বিপ্লবীদের রাইফেলের গুলি। তাদের পজিশন ছিলো খুবই দূর্বল। তবুও অর্ধেন্দু বীরের মতো শত্রুপক্ষের সঙ্গে মোকাবিলা করছেন। বীরের মৃত্যুর ভয় নেই, তাই নিজের দিকে লক্ষ না দিয়ে শত্রু নিধন যজ্ঞে মেতে উঠেছেন।

হঠাৎ একসময় মেশিনগানের এক ঝাঁক গুলি এসে অর্ধেন্দু'র তলপেট তছনছ করে বেরিয়ে গেলো। মারাত্মক ভাবে আহত হয়েছেন তিনি। তার ঘা যেনো আরো গুরুতর হলো। আহত হয়েও শত্রু পক্ষের প্রতিটি গুলির জবাবে গুলি ছুঁড়েছেন তিনি। মাঝে মাঝেই রাইফেল তুলে ফায়ার করছেন। যুদ্ধ যতক্ষণ না শেষ হয়, হার মানেননি।

যুদ্ধ শেষে অর্ধেন্দুকে মৃত মনে করে বিপ্লবীরা সেখান থেকে চলে গেলেন। সেখানে অর্ধেন্দু ছাড়াও আহত অবস্থায় বেচেঁ ছিলেন অম্বিকা চক্রবর্তী ও মতি কানুনগো। অম্বিকা চক্রবর্তী জ্ঞান ফিরলে কার গলার শব্দ শুনতে পান। তিনি ভাবেন এখানে মৃত কমরেডরা ছাড়া সবাই মাস্টারদার সঙ্গে চলে গেছেন। হটাৎ কার এই কন্ঠেস্বর। তবে কি এখনও কেউ বেচেঁ আছেন। তারপর অর্ধেন্দু'র গলায় শুনতে পেলেন, - "অম্বিকাদা, আপনি বেচেঁ আছেন?"

- হ্যাঁ, হ্যাঁ, আমি বেঁচে আছি। তুমি কোথায়? কেমন আছো? কোনমতে উঠতে পারবে? চেষ্টা কর - ধীরে ধীরে পাহাড় থেকে নীচে নামি। অম্বিকা চক্রবর্তীকে দেখে অর্ধেন্দু যেনো শক্তি ফিরে পেল। খুব জোর দিয়ে চেষ্টা করে উঠে দাড়ালো, রিভলবারটা কোথায় পরে আছে খুঁজে পেলেন না।

অর্ধেন্দু'র তলপেটে গুলী লাগার কারণে ঠিক মতো দাড়াতে পারছে না। কোন রকমে বন্দুকের নলের ওপর ভার দিয়ে বাঁকা হয়ে দাড়ালেন। তখন অর্ধেন্দু ও অম্বিকা চক্রবর্তী পাহাড়ের উত্তর-পূর্বে দিকে চলতে লাগলেন। দশ থেকে বারো গজ এগোতেই প্রায় পনেরো মিনিট সময় কেটে

গেল। পাহাড়ের উত্তর দিকে এসে অর্ধেন্দু আর চলতে পারছে না। তার শরীরে চলার মতো আর একটুকু শক্তি নেই। হাঁটু গেড়ে সেখানেই পড়ে গেলেন। অম্বিকা চক্রবর্তীকে বলল - "অম্বিকাদা আমি আর চলতে পারছিনা, আর চলার মতো আমার শক্তি নেই। আপনি এগোতে থাকুন। আপনাকে বাঁচতেই যে হবে। এখন Sentiment-কে বড় করে দেখলে চলবে না। আমার জন্য ভেবে আপনি আর দেরি করবেন ন। মাস্টারদাকে বলবেন আমি তার কথা রেখেছি - "Liberty or death! - স্বাধীনতা নাহয় মৃত্যু।"

অম্বিকা চক্রবর্তী, অর্ধেন্দুকে বললেন - "ভাই তোমার কথা আমি মাস্টারদাকে নিশ্চয়ই বলবো। তুমি দীর্ঘজীবী হও, বিপ্লব দীর্ঘজীবী হোক।" এই কথা বলে অম্বিকা চক্রবর্তী চলে গেলেন।

পরদিন ২৩শে এপ্রিল সকাল বেলা সেখানে উপস্থিত ছিলেন ব্রিটিশ অফিসার ও ডাক্তার ও ভারতীয় সেনাবাহিনী। পাহাড়ের উত্তর-পূর্ব দিকে একটি ঝোপের আড়ালে পাওয়া গেলো মৃত প্রায় অর্ধেন্দু দস্তিদারকে। ডাক্তার ওয়েলডন first'aid দিয়ে শহরের হাসপাতালে পাঠালেন। পুলিশের কড়া পাহারায় রাখা হয় অর্ধেন্দুকে।

অ্যাসিস্ট্যান্ট সিভিল সার্জন ডা, ঘোষের বিবরণে দেখা যায় যে ২২শে এপ্রিল জালালাবাদে গুলির আঘাতে অর্ধেন্দু দস্তিদারের মেরুদণ্ডের নীচের দিকটা ভেঙ্গে যায়। পাঁজরার দুটি হাড়ও ভেঙ্গে গিয়েছিল। দিনটি ছিল ২৩শে এপ্রিল ১৯৩০ সাল মৃত্যুহীন শয্যায় তবুও শান্তিতে মরতে দেয়নি তাকে।

একের পর এক প্রশ্ন করেই চলেছে জনৈক ডেপুটি ম্যাজিস্ট্রেট। কিন্তু মৃত্যু পর্যন্ত তিনি ইংরেজদের কাছে হার মানলেন না। প্রশ্নের পর প্রশ্ন করেও সেই অতি উৎসাহী ম্যাজিস্ট্রেট তাঁর কাছ থেকে একটা কথা বা সামান্যতম স্বীকৃতিও আদায় করতে পারেনি।

'অস্ত্রাগার লুণ্ঠন' মামলায় সাক্ষ্য দিতে এসেছিল সেই অ্যাসিস্টান্ট সিভিল সার্জন ডা. ঘোষ। তিনি যে বিবরণ দিয়েছেন তার ভিতর দিয়ে

ফুটে উঠেছিল শহীদ অর্ধেন্দুর বিপ্লবী চরিত্রের শ্রেষ্ঠ পরিচয়। এখানে সেই বিবরণের সর্বাপেক্ষা উল্লেখযোগ্য অংশটি হুবহু উল্লেখ করা হলো::- "When Ardhendu was admitted he was dying and I, therefore, sent the requistion to the Magistrate as a matter of course...I was present by the side of the patient all the time the Deputy Magistrate was there. The Magistrate asked where his village home was and Ardhendu declined to answer. When the Dy. Magistrate questioned him he said "Amar hat tat dhare asche" (আমার হাত টাত ধরে আসছে). He was in a bad condition-his pulse clearly and was fully conscious. I understood that he declined to make any statement inspite of the repeated questions of the Magistrate." বিপ্লবী অর্ধেন্দু সত্যিকারের বিপ্লবীর সম্মান অক্ষুন্ন রেখে মৃত্যুবরণ করলেন।

ম্যাজিস্ট্রেটের এই উৎপীড়ন অর্ধেন্দুর মৃত্যু ত্বরান্বিত হয়েছে কিনা জেরা করায় ডা. ঘোষ ঘুরিয়ে উত্তর দিয়েছিলেন: "If he had been my private patient, I would not have allowed any interference with him." মৃত্যুর সময় অর্ধেন্দুর বয়স ছিল মাত্র ১৯ বছর।

অর্ধেন্দু ছিলেন বিপ্লব ভারতের এক আদর্শ চরিত্র। জালালাবাদের যুদ্ধে বীরত্বের গৌরব অর্জন করেছিলেন।

# ২৪শে এপ্রিলের সংঘর্ষ

অমরেন্দ্র নন্দী

জ্বালালাবাদ
থেকে
কালারপোল

অমরেন্দ্র নন্দী

# অমরেন্দ্র নন্দী

সত্যি ভাবা যায় না যে বাংলার তরুণ যুবকরা স্বাধীনতা সংগ্রামে ঝাঁপিয়ে পড়েছিলেন এত কম বয়সে। আজ এমনই এক তরুণ যুবকের কথা বলবো, যিনি জালালাবাদ পাহাড়েও নিজের বীরত্বকে প্রদর্শন করেন। তার নাম অমরেন্দ্র নন্দী, তার জন্ম হয়েছিল চট্টগ্রামে আনুমানিক ১৯১৩ সালে। তাঁর পিতার নাম ছিল রসিকলাল নন্দী। তিনি ছোটবেলা থেকেই জনসাধারণের কাজে এগিয়ে যেতেন, এতে তার অসাধারণ আগ্রহ দেখা যেত।

গ্রামে থাকাকালীন সে জনসেবক হিসেবে পরিচিত হন, একজন আদর্শবান যুবক হিসেবে সকলের মন জয় করেন। তার জন্ম হয় এক মধ্যবিত্ত পরিবারে। এক সময় দেখা গেলো অমরেন্দ্র নন্দী সন্যাসির ব্রত গ্রহণ করে ঘর সংসার ছেড়ে চট্টগ্রামের জগদ্বন্ধু আশ্রমে গিয়ে আশ্রয় নেন। সেখান থেকেই শুরু হলো তার পড়াশোনার নতুন জীবন। তার পর সে সদরঘাট ক্লাবে এসে ভর্তি হলেন।

এই আদর্শবান যুবককে অনেক বিপ্লবীই তাদের দলে আনার অনেক চেষ্টা করেন, শেষে তাদের নিরাশ হতে হয়। ক্লাবে আসার পর থেকেই অমরেন্দ্র ব্যায়াম চচ্চা ছাড়া কোন কিছুর প্রতি আগ্রহ দেখাননি।

তার ব্যবহার দেখে মনে হয় চিন্তা ভাবনা করে বিপ্লবীদের রাজনৈতিক কাজকর্মকে এড়িয়ে চলেছে। অমরেন্দ্র ভেবে চিন্তে যে জনসেবার কাজে ব্রতী হন সেকাজে কোন বিপ্লবের স্থান নেই। ধীরে ধীরে তার এই চিন্তা ভাবনার প্রাচীর ভাঙতে শুরু হলো, দেখা গেলো তার জীবনের নতুন পরিবর্তন। সে দেখলো সদরঘাট ক্লাবের যে বিপ্লবী সদস্যরা ঠিক তার মতই আদর্শ ও নিষ্ঠাবান, তারাও জনসেবার কাজে ব্রতী হয়েছেন। কিন্তু তাদের ভাবধারা আলাদা, তারা বিপ্লবের মাধ্যমে জনসেবার কাজ করতে চান।

যেভাবে হোক ব্রিটিশ রাজত্বকে দেশছাড়া করতে হবে, সেটাই হবে জনসেবার কাজ। দেশের মানুষকে ব্রিটিশদের কবল থেকে উদ্ধার করতে হবে। যতক্ষণ পর্যন্ত না দেশের রাষ্ট্রীয় ক্ষমতা সত্যিকারের দেশসেবকদের হাতে আসবে ততক্ষণ পর্যন্ত সর্বাঙ্গীণ গণউন্নয়ন সম্ভব নয়।

চট্টগ্রাম বিদ্রোহের সময় সে ছিল চট্টগ্রাম কলেজের ইন্টারমিডিয়েটের ছাত্র। একদিন সব্বাইকে অবাক করে অমরেন্দ্র যোগ দিলেন বিপ্লবী দলে। সে কিছু দিনের মধ্যেই প্রমাণ করে দিলেন যে তিনিও একজন আদর্শবাদ কর্মনিষ্ঠ বিপ্লবী। মাস্টারদা সূর্যসেনের আদেশনুসারে ১৮ই এপ্রিল ১৯৩০ সালে চট্টগ্রাম অস্ত্রাগার আক্রমণ করা হয়। শেষে তারা জালালাবাদ পাহাড়ে গিয়ে আশ্রয় নেন। ১৮ই এপ্রিল রাত্রে সে পুলিশলাইন আক্রমণে অংশগ্রহণ করেছিল। তার অসাধারণ দক্ষতায় কারণে মাস্টারদা তাকে জালালাবাদ থেকে শহরে পাঠিয়ে দেন।

অনন্ত সিং ও গণেশ ঘোষ তখন শহরে, তাঁদের সঙ্গে কোন যোগাযোগ নেই। তাই কয়েকজনকে পাঠানো হয়েছিল, কিন্তু তাঁরা ফিরে আসেনি। ২১শে এপ্রিল, এবার শেষ চেষ্টা করার জন্য মাস্টারদা, অম্বিকা চক্রবর্তী ও নির্মল সেন মনস্থ করলেন। বাছাই করে এবার দু'জনকে একসঙ্গে পাঠাবেন তারা।

পাহাড়ের উপর ছোট ছোট দলে ভাগ করে বিপ্লবী বিশ্রাম নিচ্ছেন। মাস্টারদা ও নির্মল সেন তাঁদের প্রত্যেকের কাছে গেলেন, আর বললেন - "আমরা এমন দু'জনকে চাই, যারা 'পারি নাই' বলে ফিরে আসবে না। অনন্ত সিং, গণেশ ঘোষ ও জীবন ঘোষালের সঙ্গে সংযোগ স্থাপন করতেই হবে।" কিন্তু কেউ না বলল না, সকলেই রাজি ছিলেন - সকলেই যেতে প্রস্তুত। তাদের সকলের মধ্যে মাস্টারদা অমরেন্দ্র নন্দী ও আরও একজনকে বেছে নিলেন। অমরেন্দ্রকে বলা হল তারা যেন সাড়ে ছ'টা বা সাতটার মধ্যে ফিরে আসেন। অমরেন্দ্র নন্দী ও তার অপর সঙ্গী মিলে সবার কাছে বিদায় নিয়ে মহান দায়িত্ব পালনে এগিয়ে গেলেন। বন্ধুরা

সবাই তাদের বিপ্লবী অভিবাদন জানান এবং তারাও সকলকে অভিবাদন জানিয়ে পাহাড়ের নীচে নেমে গেলেন।

মিলিটারি তখন সমস্ত শহরে টহল দিচ্ছে, সন্দেহজনক স্থানগুলিতে ক্যাম্প বসিয়ে রেখেছে। তাদের সব বেষ্টনী ভেদ করে অমরেন্দ্র শহরে প্রবেশ করলেন। কিন্তু সবে ঠিক ছিল, তবে আট থেকে ন'ঘন্টার মধ্যে তেরো চৌদ্দ মাইল অতিক্রম করে, বাকিদের খোঁজ-খবর নিয়ে সাতটার মধ্যে এতটা পথ ফিরে আসা অসম্ভব ছিল।

দিনটি ছিল ২৪শে এপ্রিল, সকাল বেলা কনস্টেবল চন্দ্রকুমার দে সদরঘাট রোডের উপর জে, এম, সেনগুপ্তের খালি বাসায় অমরেন্দ্র নন্দীকে দুইহাতে পিস্তলসহ অবস্থায় দেখতে পায়। সে সঙ্গে সঙ্গে দৌড়ে গিয়ে খবর দিলো, সদরঘাট পুলিশ কেন্দ্রে পুলিশ সুপারিন্টেন্ডেন্টকে। মি. জনসনকে দেওয়া হলো অমরেন্দ্র নন্দীকে ধরার দায়িত্ব, তিনি সমস্ত সৈনিকদের নিয়ে হাজির হলো সেই বাড়িতে, বাড়িটা চারদিক থেকে ঘেরাও করা হলো। আসে পাশের কয়েকটা বাড়িতে তল্লাশি চালায়, কিন্তু সেখানে কাউকে দেখতে পাওয়া গেলো না। অমরেন্দ্র সেই বাসাতেই ছিল নিচের ছোট্ট একটি ঘরে। কিছুক্ষণ পর তাকে সেখানে দেখতে পাওয়া যায়। অমরেন্দ্রকে লুকানো অবস্থায় খাকি পোষাক, ধুতি, বিছানার চাদর এবং সবুজ রং-এর একটি বেল্ট পরে থাকতে।

এরপর শুরু হলো ভয়ংকর গুলিবর্ষণ। একদিকে অজস্র মিলিটারি অন্যদিকে অমরেন্দ্র একা। যাকে বলা হয় সপ্তরথি বেষ্টিত বীর বালক অভিমন্যু। এক মুহূর্ত থেমে নেই রিভলবারের গুলি। অমরেন্দ্র দুই হাতে গুলি ভর্তি রিভলবার নিয়ে সমান ভাবে জবাব দিচ্ছেন গুলির জবাবে গুলি।

অমরেন্দ্র শেষ পর্যন্ত আশ্রয় নিলেন একটি কালভার্টের নীচে। অমরেন্দ্র গুরুতর ভাবে আহত। বার বার তাকে আত্মসমর্পণ করতে বলা হয়। কিন্তু তিনি তা করলেন না। মিলিটারির বেষ্টনী ভেদ করে পলায়নের চেষ্টা করেও পারলেন না। তিনি আত্মসমর্পণও করবেন না, তার বদলে

তিনি নিজেকেই মৃত্যুদণ্ড দেওয়া শ্রেয় মনে করলো। বীরের মতো আত্মবিসর্জন দিলেন, তবুও মাথা নোয়ালেন না ব্রিটিশ সাম্রাজ্যবাদী শাসকের কাছে। শেষে কালভার্ট ভেঙে দেওয়া হলো, আহত অবস্থায় তাকে উদ্ধার করা হলো ও পাশেই এক ডাক্তার জগদা বিশ্বাস তার প্রাথমিক চিকিৎসা করলেন। এর পর পাঠানো হলো হাসপাতালে। সেখানেই মারা যান অমরেন্দ্র নন্দী সেদিন ছিল ২৪শে এপ্রিল ১৯৩০ সাল।

পরদিন সকালে অমরেন্দ্রের মৃতদেহ পোস্টমর্টেম করা হয়। এ সম্পর্কে সরকারী বিবরণ থেকে উল্লেখযোগ্য অংশটি হুবহু উদ্ধৃত করলামঃ "...next morning a post mortem examination was made by the Civil Surgeon who found the following injuries on his body: (1) an elliptical punctured wound with blackended edges just under the chin-this was the entrance wound. (2) A stellate perforating wound on the top of the head about one inch above the hair margin-this was the exit wound. The bullet had passed through the base of the tongue, the brain and the skull. (3) A circular punctured wound with blackened edges on the chest. From the position of the wound on the top of the head and the fact that the margins of the wounds under the chin and on the chest were blackened, the Civil Surgeon was of opinion that the wounds were suicidal, that in all probability Amarendra had a hot himself first on the chest and finding he was not dying quickly enough, had shot himself again through the head."

# কালারপোল সংঘর্ষের বীর

রজত সেন

দেবপ্রসাদ গুপ্ত

জালালাবাদ
থেকে
কালারপোল

মনোরঞ্জন সেন

স্বদেশরঞ্জন রায়

# কালারপোল সংঘর্ষের বীর

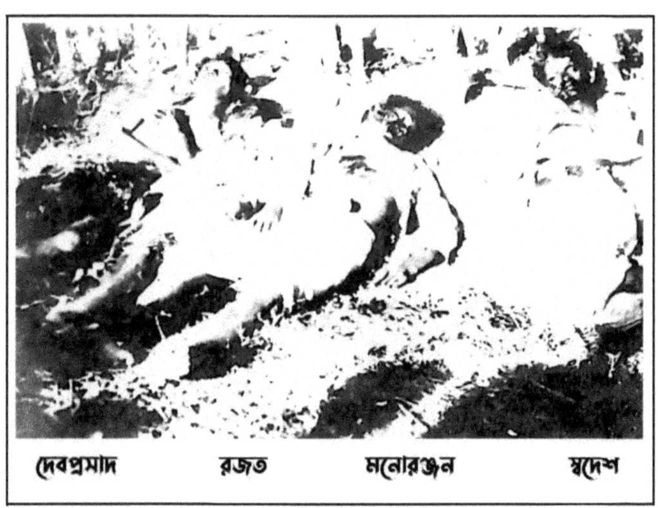

দেবপ্রসাদ রজত মনোরঞ্জন স্বদেশ

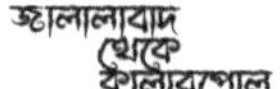

# কালারপোল সংঘর্ষ

জালালাবাদ পাহাড়ের যুদ্ধও শেষ। গভীর রাতের অন্ধকারে বিপ্লবীরা পাহাড় থেকে নীচে নামতে গিয়ে ছড়িয়ে পড়েছে এক এক জায়গায়। এখানে-ওখানে থেকে কয়েকদিন কাটিয়ে দিলেন। তারপর আবারও একত্র হলেন সবাই। আবার নতুন অভিযানের পরিকল্পনা। এবার মাস্টারদার আদেশ, পাহাড়তলী উইরোপিয়ান ক্লাব আক্রমণ করতে হবে।

বিপ্লবীদের রক্তে রঞ্জিত হয়েছিল জালালাবাদ পাহাড়। এবার তার প্রতিশোধ নেওয়ার সময়, এগিয়ে এলেন বেপরোয়া কয়েকজন তরুণ যুবক। তাদের মধ্যে ছিলেন - রজত সেন, দেবপ্রসাদ গুপ্ত, মনোরঞ্জন সেন, স্বদেশ রায়, সুবোধ চৌধুরী ও ফণীন্দ্র নন্দী।

১৯৩০ সালের ৫ই মে, অস্ত্রশস্ত্রে সজ্জিত হয়ে বেরিয়ে পড়লেন ছয় যুবক। কর্ণফুলী নদীর ব্যালেন্টাইন ঘাটের সামান্য দূরেই পাহাড়তলী উইরোপিয়ান ক্লাব অবস্থিত। ক্লাবটি অত্যন্ত সুরক্ষিত। এখানে সন্ধ্যা নামলেই ব্রিটিশ সাহেব ও মেমরা আনন্দ হৈ-হুল্লোর মেতে উঠেন। সে সময় শহরের চারপাশে কড়া নিরাপত্তা। কড়া নিরাপত্তা থাকায় তারা ফিরে আসেন, উপযুক্ত সময়ের অপেক্ষা করতে হবে।

এবার তারা গোপন আস্তানায় ফিরে যাবেন। ফিরিঙ্গিবাজারের রাস্তা ধরে কর্ণফুলী নদী সাম্পানে পার হয়ে রজতের বাড়ি যাবে। ফিরিঙ্গিবাজারে রজতের বাড়ি ছিল। রজতের মা বিনোদিনী দেবী ছিল সমস্ত বিপ্লবীদের মা। বিনোদিনী দেবী সবাইকে খুব ভালো

বাসতো। ক্ষুধার্থ ছিল তাঁরা মায়ের হাতের খাবারও খাবেন। একজন এসে বললেন - "মাসিমা, বড্ড খিদে পেয়েছে।

বিনোদিনী দেবী বলল - "দিচ্ছি বাবা, একটুখানি বসো, এখুনি ব্যবস্থা করে দিচ্ছি।" রাতের খাওয়া আর কোথায় হলো? রজতের ছোটভাই ছুটে এসে খবর দিলেন - "দাদা, পুলিশ আসছে।" সকলে মাসিমাকে প্রণাম করে রাতের অন্ধকারে পেছনের দরজা দিয়ে বেড়িয়ে পড়লেন। সাজানো খাবারের থালা রেখে ছুটল কর্ণফুলী নদীর দিকে, এরপর একটি সাম্পানে লাফিয়ে উঠলো। বিপ্লবীদের কথামত মাঝি সাম্পান চালাচ্ছে সমস্ত শক্তি দিয়ে।

খাঁ বাহাদুর আসানুল্লার নেতৃত্বে পুলিশবাহিনী তাদের পিছনে ধাওয়া করেন। পুলিশবাহিনী বার বার বলছেন - "সাম্পান থামাও।" কিন্তু সাম্পান আর থামছে না। এভাবে সাম্পান নদীর ধারে আসা মাত্রই বিপ্লবীরা লাফিয়ে পড়ে উধাও হয়ে গেলেন। পুলিশবাহিনী এসে দেখেন বিপ্লবীরা উধাও। তাই তারা গ্রামবাসীদের মধ্যে প্রচার করলেন - "গ্রামে ডাকাত পড়েছে, ধরতে পারলে মোটা টাকার পুরস্কার।"

প্রবল বাঁধার সম্মুখীন হতে হয়েছে এবার বিপ্লবীদের। গ্রামবাসীদের সঙ্গে বিপ্লবীদের খণ্ডযুদ্ধ বেঁধে গেলো। একজন গ্রামবাসী দেবপ্রসাদকে লক্ষ করে দা'দিয়ে কোপ মারে, দেবপ্রসাদ অল্পের জন্য বেঁচে গেলেও তার ডান হাতখানা কাঁধ থেকে প্রায় বিচ্ছিন্ন হয়ে পড়ে। কি কঠিন যন্ত্রণা। তবুও মনোবল দৃঢ়, হাতখানা বিচ্ছিন্ন হয়ে ঝুলতে থাকে।

বিপ্লবীরা গ্রামবাসীদের ওপর পাল্টা গুলি চালাতে থাকে। এতে কয়েকজন গ্রামবাসী লুটিয়ে পড়েন। বিপ্লবীরা বার বার চিৎকার

করে বলেন - “আমরা কোন ডাকাত নই, আমরা স্বদেশী। ব্রিটিশ আমাদের শত্রু। তোমরা আমাদের বাঁধা দিও না।” তবুও গ্রামবাসীরা তাদের কথা বিশ্বাস করল না। পুরস্কারের লোভে বিপ্লবীদের পিছু ছাড়লেন না।

চারদিকে এমনিই অন্ধকার, তারপরে পথ-ঘাটও তাদের অজানা। অন্ধকারে বিচ্ছিন্ন হয়ে গেলেন ফণীন্দ্র নন্দী ও পরের দিন সকালে পুলিশের হাতে ধরা পড়েন।

ছুটতে ছুটতে পাঁচজন বিপ্লবী কালারপোল সেতুর ওপর এসে থামেন। সেতুর ওপারে পুলিশের চৌকি, পিছনে গ্রামবাসী। উপায় নেই, পুলিশের চোখে দিয়ে পালাতে গিয়ে ধরা পড়লেন সুবোধ চৌধুরী।

বাকি চারজন দেবপ্রসাদ গুপ্ত, রজত সেন, মনোরঞ্জন সেন ও স্বদেশ রায় ঢুকে পড়লেন জুলদা গ্রামে। ভোর হয়ে এলো প্রায়। একটি বাড়ির পাশ দিয়ে যাচ্ছিল, হঠাৎ একজন বৃদ্ধমহিলাকে দেখতে পেয়ে বিপ্লবীরা তাঁর কাছ থেকে পান্তা ভাত চাইলেন। মাতৃহৃদয় মমতায় উচড়ে পড়লো। বৃদ্ধমহিলা বললেন - "তোমরা ঐ শরবনে আশ্রয় নাও। আমি পান্তা ভাত নিয়ে আসছি।" গৃহস্বামী কিছু পান্তা ভাত ও তরকারী এনে দিলেন আর বললেন - "পড়ে পেট ভরে তাদের জন্য খাওয়ার ব্যবস্থা করবেন।

পূর্ব আকাশে রক্ত রাঙা লাল হয়ে সূর্য দেখা যাচ্ছে অর্থাৎ ৬ই মে, এদিকে পুলিশ বাহিনী চিরুনি তল্লাশি শুরু করে। আহমদ মিঞা নামে একজন গ্রামবাসী শরবনে বিপ্লবীদের দেখতে পেয়ে চেঁচিয়ে উঠলো "ওখানে ওরা লুকিয়ে রয়েছে।" শোনা মাত্রই ডি. আই. জি. ফার্মারের নেতৃত্বে একদল পুলিশ বাহিনী চারপাশে

ঘেরাও করে ফেলল। পুলিশ বাহিনীকে এগিয়ে আসতে দেখে বিপ্লবীদের হাতের পিস্তল গর্জন করে উঠলো একসঙ্গে।

কালারপোলের সশস্ত্র সংগ্রাম শুরু হয়ে গেল। চলল দু'দিকে ভারী গুলিবৃষ্টি। বেশ কিছুক্ষণ গুলি চলার পর পুলিশ কর্মকর্তারা এগোতে পারছেন না ভয়ে। ডি. আই. জি. ফার্মারের নির্দেশে হেড দারোগা মাইক নিয়ে বলল - "অস্ত্র ফেলে দাও আত্মসমর্পণ করো। এভাবে যুদ্ধ করার একমাত্র অর্থ মৃত্যু।"

মনোরঞ্জন জবাবে বলেন - মনোরঞ্জন ডাজ নট নো - হাউ ডু স্যারেন্ডার? মনোরঞ্জন জানেনা কিভাবে স্যারেন্ডার করতে হয়। আই, ওয়ান্ট টু যতীন মুখার্জি অফ বালাসোর। আমি যতীন মুখার্জির মতো যুদ্ধ করবো। আরো একজনকে বলতে শোনা গেল - "আমরা প্রাণ থাকতে ধরা দেব না।" অপর সঙ্গীর কন্ঠে শোনা গেল - "না, না, নিশ্চয়ই না। আমরা মরব, তবু ধরা দেবো না।"

শরবন থেকে শুরু হলো আবারো গুলিবৃষ্টি। চারটি পিস্তল আর কতক্ষন লড়াই করবে বিরাট পুলিশ বাহিনীর সঙ্গে। গুলিও প্রায় শেষ। স্বদেশ রায় গুলির আঘাতে মাটিতে লুটিয়ে পড়ল। রজত এবার মনোরঞ্জনকে বললেন - "মনা! স্বদেশ এইমাত্র মারা গেল। দেবু বাঁচবে না, আত্মসমর্পণ করার থেকে শ্রেয় আত্মবিসর্জন। আমি দেবুকে গুলি করছি, তুই আমাকে গুলি করবি, বুঝলি?"

এই বলার সঙ্গে সঙ্গেই দেবুর কষ্ট নিবারণের উদ্দেশ্যে রজত গুলি করলেন। মনোরঞ্জন দু'বার বন্ধু রজতকে গুলি করেন। পরে শেষ দুটি গুলি নিজের বুকেই করে দিলেন। স্বদেশ রায়, মনোরঞ্জন সেন ও রজত সেন চিরবিদায় নিলেন। তবুও জুলদা গ্রামের শরবনের যুদ্ধ প্রাঙ্গণ সমাপ্ত হয়নি। দেবপ্রসাদ গুপ্তের শরীরে তখনও প্রাণ

অবশিষ্ট আছে, তার নিঃশ্বাস নিতে খুবই কষ্ট হচ্ছে। ঐ অবস্থায় হেড দারোগা ছুটে এসে বললেন - "বড়ো সাহেব এখানেই আছেন, তুমি কি কিছু বলতে চাও?" দেবপ্রসাদ দৃপ্তকন্ঠে উত্তর দিয়ে বললেন - "কে বড়ো সাহেব, লোম্যান, লোম্যান, আমার দুটি হাতেই অচল, নইলে আমি তাকে এক্ষুনি গুলি করতাম।"

এই কথা বলে শেষ নিঃশ্বাস ত্যাগ করলেন দেবপ্রসাদ গুপ্ত।

# কালারপোল সংঘর্ষের বীরদের পরিচয়

## রজত সেন

রজত সেন, তার জন্ম হয়েছিল ১৯১৩ সালে চট্টগ্রামে। তার পিতার নাম ছিল রঞ্জনলাল সেন ও মায়ের নাম ছিল বিনোদিনী দেবী। রজত সেন ছোটোবেলা থেকেই খেলা-ধুলা, লেখা-পড়া সব কিছুতেই ছিলেন পারদর্শিতা। কখনো কেউ তাঁকে চুপ কর বসে থাকতে দেখেননি। তার অফুরন্ত শক্তি দিয়ে সবাইকে মাতিয়ে রাখতেন। ঘোড়ায় চড়া, মোটর গাড়ী চালানো সব বিষয়ে সিদ্ধহস্ত ছিল। সবার সেরা ফুটবল খেলোয়াড়দের মধ্যে ছিলেন রজত সেন চট্টগ্রামের একজন।

ছোটবেলায় কলেজিয়েট স্কুলে পড়ার সময় রজত সেই স্কুলের আদর্শ বয়স্কাউট ছিলেন। রজত সেন যখন দশম শ্রেণীর ছাত্র, তখন বাংলার লাট সাহেব স্ট্যানলী জ্যাকসন তাদের কলেজিয়েট স্কুল পরিদর্শনে আসেন। সে সময় মাত্র দু'মিনিটে রজত লাটসাহেবের সামনে তার প্রতিকৃতির পেন্সিল স্কেচ করে উপহার দেন। রজতের শিল্পচর্চার জন্য লাটসাহেব একটি বৃত্তি মঞ্জুর করেন এবং প্রতিশ্রুতি দেন, কোন দিন যদি রজত কলকাতা আর্ট কলেজের ভর্তি হন তাকে সবরকম সাহায্যের হাত বাড়িয়ে দেবেন। এভাবে রজত শিল্পীর মর্যাদাও পেয়েছেন।

একসময় যোগ দিলেন মাস্টারদা সূর্যসেনের ইণ্ডিয়ান রিপাবলিকান আর্মি দলে। ১৯৩০ সাল, মাস্টারদা চট্টগ্রাম অস্ত্রাগার আক্রমণের পরিকল্পনা করতে লাগলেন। কিন্তু থালি

হাতে লড়াই করা তো সম্ভব নয়! তাই সবাইকে বলা হলো যে যতটা পারে অর্থ সাহায্যে এগিয়ে আসবে। হঠাৎ করে একদিন রজত কি করলেন, বাড়ি থেকে অনেকগুলি দামি দামি অলঙ্কার ও কয়েকটি মোহর নিয়ে আসেন। এসে রজত বলেন - "সিন্দুকের ভিতর যা ছিল সব খালি করে নিতে এসেছি।"

১৮ই এপ্রিল, রজত সেন যোগ দিলেন চট্টগ্রাম যুব বিদ্রোহে। তিনি মাস্টারদার কথানুসারে অংশ নিলেন অক্সিলিয়ারি ফোর্স অস্ত্রাগার আক্রমণে। রাত প্রায় দশটা, লোকনাথ বলের ভজ গাড়ি এসে A.F.I হেডকোয়ার্টারের কম্পাউন্ডে ঢুকলো। এই রাস্তা দিয়ে এসে সার্জেন্ট ফেরেলের কোয়ার্টার, বাঁদিকে রেখে গাড়িটি ডানদিকে ঘুড়িয়ে আর্মারির সামনে এসে দাড়ালো।

গাড়ির স্টিয়ারিং হুইল ছিল মাখন ঘোষালের হাতে। এছাড়াও গাড়িতে ছিলেন লোকনাথ বল, নির্মল সেন, রজত সেন, সুবোধ চৌধুরী ও ফণীন্দ্র নন্দী। গাড়ি থেকে নেমে দু'জন সৈনিক জেনারেল লোকনাথ বলের পিছন পিছন বডিগার্টের ভঙ্গিতে এগোচ্ছেন। লোকনাথের পোশাক দেখে মনে হচ্ছে বড়ো কোন অফিসার। তাঁরা তিনজন বারান্দার সিঁড়ি বেয়ে উঠতে লাগলো, একজন সেন্ট্রি অফিসার ভ্রমে লোকনাথকে স্যালুট জানাল।

স্যালুট করার সঙ্গে সঙ্গেই লোকনাথের পিস্তল গর্জন করে উঠলো। গুলি চালানোর সংকেত পেয়ে রজত সেন ও নির্মল সেন গুলি ছুঁড়লেন সঙ্গে সঙ্গে সেন্ট্রি মাটিতে লুটিয়ে পড়েন। অন্যান্য সিপাইরা যে যেদিকে পারলো ছুটে পালালেন। নির্জন অন্ধকার ভেদ করে একসঙ্গে দশজন জয়ধ্বনি দিলেন - "বন্দেমাতরম - ইনক্লাব জিন্দাবাদ।"

অস্ত্রাগার আক্রমণ করে তারা পাহাড়ের রাস্তা ধরে নিরাপদ আশ্রয়ের খোঁজে বেরিয়ে পড়লেন।  রজত সবার আগে, তাকে স্মরণ করে সবাই পিছনে। রজত সবার আগে সামনের জঙ্গল-ঝার কেটে পথ দেখিয়ে চলছে।

(এর পরের ইতিহাস 77 থেকে 81 পৃষ্টায়)

# মনোরঞ্জন সেন

## (মনা)

মনোরঞ্জন সেন, তার জন্ম হয়েছিল ১৯১৩ সালের ৬ই মে চট্টগ্রামের বরমা অঞ্চলে। তার পিতার নাম রজনীকান্ত সেন। অতি দরিদ্র পরিবারের সন্তান ছিলেন তিনি। চট্টগ্রাম কলেজে ইন্টারমিডিয়েট'এ পড়াশোনা করতেন। ছাত্র অবস্থায় তার বৈপ্লবিক চেতনার সূত্রপাত ঘটে। খুব ছোট বয়সেই বিপ্লবী দলের সংস্পর্শে আসেন। যোগ দেন বিপ্লবী দলে। তারপর লাঠিখেলা ও ছোরাখেলায় অংশ নিতেন।

দারিদ্রের কত নিপীড়ন যে সইতে হয়েছে মনোরঞ্জনকে, তা তার মুখ দেখে কখনোই বোঝা যেত না। সব সময় সে হাসি মুখে থাকতো। এক সময় চট্টগ্রাম বিভাগের একজন গোয়েন্দা কর্মচারী বিপ্লবী দলের গোপন খবরা-খবর সংগ্রহের জন্য উঠে পড়ে লেগেছে। তিনি খুবই উৎসাহ নিয়ে দলের একজনকে খুজছেন, যে টাকার জন্যে বিপ্লবী দলের খবরা-খবর গোয়েন্দা কর্মচারীকে দেবেন।

গোয়েন্দা কর্মচারীর নজর পড়লো মনোরঞ্জনের উপর। অত্যন্ত অভাবের জীবন, নিশ্চয়ই তাকে টাকার জালে আটকানো যাবে। একদিন এই সুযোগ নিয়ে মনোরঞ্জনের সঙ্গে আলাপ প্রসঙ্গে তিনি তার প্রস্তাব উত্থাপন করেন। অনেক আশা নিয়েই তিনি প্রস্তাব রাখেন কিন্তু মনোরঞ্জনের কাছ থেকে পেলেন ক্রুদ্ধ প্রত্যাখ্যান।

১৯৩০ সালের ১৮ই এপ্রিল, মনোরঞ্জন যোগ দিলেন চট্টগ্রাম অস্ত্রাগার আক্রমণে। তখন তিনি চট্টগ্রাম কলেজের ইন্টারমিডিয়েট

প্রথম বার্ষিক ছাত্র ছিলেন। চট্টগ্রাম অস্ত্রাগার আক্রমণের দিন তিনি পুলিশ লাইন আক্রমণকারীদের সঙ্গে অংশ নিয়েছিলেন। এরপর ২২শে এপ্রিল জালালাবাদ পাহাড়ের যুদ্ধেও তিনি অংশগ্রহন করেন।

(এর পরের ইতিহাস 77 থেকে 81 পৃষ্টায়)

# দেবপ্রসাদ গুপ্ত

## (দেবু)

দেবপ্রসাদ গুপ্ত, তার জন্ম হয়েছিল ১৯১১ সালে ঢাকায়। তার পিতার নাম ছিল যোগেন্দ্রনাথ গুপ্ত। চট্টগ্রাম অস্ত্রাগার আক্রমণের অন্যতম বিপ্লবী আনন্দ প্রসাদ গুপ্ত হলো তার আপন ছোট ভাই, দেবুর থেকে তিন বছরের ছোট। ছোটবেলা থেকেই তারা চট্টগ্রামেই ছিলেন। স্কুল জীবন থেকেই দেবপ্রসাদ গুপ্ত ছাত্র হিসেবে শিক্ষকদের খ্যাতি অর্জন করেছিলেন।

১৯২৮ সালে কৃতিত্বের সঙ্গে ম্যাট্রিক পাশ করেন, তারপর বিজ্ঞানের ছাত্র হিসেবে কলেজে ভর্তি হন। সেই বছরে তিনি বিপ্লবী দলের সংস্পর্শে আসেন। সে বছরই আবার তিনি কলকাতা কংগ্রেস অধিবেশনে মাস্টারদা সহ প্রভৃতি বিপ্লবীদের সঙ্গে ডেলিগেটদের সহগামী হয়ে দেবপ্রসাদ গুপ্ত অধিবেশনে উপস্থিত ছিলেন। অধিবেশনের সেই কয়েকটি দিন ডেলিগেট ক্যাম্পেই ছিলেন।

এরপর দেবপ্রসাদ গুপ্ত বিপুল উৎসাহ নিয়ে কলকাতা থেকে যান চট্টগ্রামে। দলের কাজে পূর্ণ আত্মনিয়োগ করলেন। তার প্রচণ্ড সাহসের কারণেই সবার দৃষ্টি আকর্ষণ করতেন তিনি। কোনদিন কাউকে ভয় করতেন না। দলের যেই কাজে দেওয়া হয় তাকে, সে কাজের সম্পূর্ণ সমাধান না করা পর্যন্ত তিনি চুপ থাকতেন না।

চট্টগ্রাম অস্ত্রাগার আক্রমণের কয়েক মাস আগের কথা। কলেজের বার্ষিক পরিক্ষা সামনেই, বাড়ির গুরুজনেরা অনবরত তাকে বলছে পরীক্ষা সামনে ভালো করে তৈরি হয়ে নাও। দেবপ্রসাদ তখন থেকেই ঠিক করলেন আর পরীক্ষা দিয়ে কি হবে?

কদিন পরেই ডাক আসবে এক মহাযজ্ঞে ঝাঁপিয়ে পড়ার। যখন তার পরীক্ষার রেজাল্ট বের হবে, তখন হয়তো তার পৃথিবীতে আর কোন অস্তিত্বই থাকবে না। তাই বইয়ের পড়া মুখস্থ করে কি লাভ?

সবাই চিন্তিত ছাত্র জীবনে দেবু এমনটা কখনোই করেননি। তবে এখন কেনো এই পরিক্ষার গুরুত্বপূর্ণ সময়ে পড়াশোনার অবহেলা করছে। কিন্তু পরিক্ষার কয়েকটি দিন তিনি পরিক্ষার হলে পরীক্ষা দিতে বসেছিলেন, তবে পরীক্ষার খাতায় প্রশ্নের উত্তর না লিখে ছবি এঁকে ভর্তি। পরিক্ষার কক্ষে যে প্রফেসার ছিলেন তিনি দেখে অবাক - এতো ভালো একজন কৃতি ছাত্র পরীক্ষার খাতায় প্রশ্নের উত্তরের বদলে কি বিচিত্র সব ছবি।

খবরটি ধীরে ধীরে রটে গেল সবার মুখে মুখে। বিপ্লবী নেতাদের কাছেও পৌঁছে গেলো। খবরটি সত্যি কি না জানতে চাওয়ায় দেবু হাসতে হাসতে বলেছিলেন - "পরিক্ষার ফলাফল যখন বেরুবে তখন তো আর আমি এ পৃথিবীতে থাকবো না - তাই পরীক্ষায় পাশ করা আর না করা আমার কাছে একই সমান।"

এরপর ১৮ই এপ্রিল ১৯৩০ সালে অংশগ্রহন করলেন চট্টগ্রাম অস্ত্রাগার আক্রমণে। তারপর ২২শে এপ্রিল যোগ দিলেন জালালাবাদ পাহাড়ের যুদ্ধে।

(এর পরের ইতিহাস 77 থেকে 81 পৃষ্টায়)

# স্বদেশরঞ্জন রায়

## (স্বদেশ)

স্বদেশ রায়, কালারপোল সংঘর্ষের অন্যতম বিপ্লবী। কিন্তু তার বিপ্লবী জীবনের কিছু ঘটনা খুবই বেদনাদায়ক। বিপ্লবীরা বেশির ভাগই তার বন্ধু ছিলেন, কিন্তু কেউ তাকে বিপ্লবী দলে স্থান দেয়নি। স্বদেশ রায় ছিলেন অবস্থাপন্ন পরিবারের ছেলে। সৌখিন পরিবেশের মধ্যেই লালন-পালন হয়েছেন। সকলের মতো সেও যেতেন সদরঘাট ব্যায়াম ক্লাবে। সেখানেই আনন্দ প্রসাদ গুপ্ত ও অন্যান্য বিপ্লবীদের সঙ্গে তার বন্ধুত্ব গড়ে ওঠে।

সুখ বিলাসে গড়ে ওঠা স্বদেশ রায়ের জীবন হয়তো বিপ্লবীদের কঠোরতা সহ্য করতে পারবেন না। তাই তাকে বিপ্লবী নেতারা কোন ষড়যন্ত্র মূলক কাজে ডাকতেন না। স্বদেশ রায়ের সমবয়সী বিপ্লবী বন্ধুদের উপর নেতাদের নির্দেশ ছিল, তাকে যেন দুঃসাহসিক কাজের মধ্যে জড়ানো না হয়।

স্বদেশ বুঝতে পারলেন তাঁর বন্ধুরা কিছুতো একটা দুঃসাহসিক কাজ করতে চলেছে, একথাও বুঝলেন বন্ধুরা ইচ্ছে করেই তাকে দূরে সরিয়ে দিচ্ছে। তাদের রাজনৈতিক কাজে তাকে ডাকছে না।

১৮ই এপ্রিল ১৯৩০ সাল, চট্টগ্রাম অস্ত্রাগার আক্রমণের ঘন্টা তিনেক আগের কথা। বিপ্লবীরা সবাই একটি ঘরে অপেক্ষা করছেন হিমাংশুর জন্য, হিমাংশু গেছেন গাড়ি জোগাড় করতে। ঘরের দরজায় পাহারায় ছিলেন হরিপদ মহাজন। বিনা অনুমতিতে ও বিনা বাধায় স্টান ঘরের মধ্যেই হঠাৎ প্রবেশ করলেন স্বদেশ

রায়। এতে সবাই হতভঙ্গ হয়ে গেল। তিনি তো এই গুপ্ত সংগঠনের সদস্য নয়। তার সঙ্গে দেবপ্রসাদের ঘনিষ্ঠ বন্ধুত্ব ছিল।

কয়েকমাস আগে অবশ্য নরেশ রায় অনন্তকে বলেছিল, স্বদেশের সঙ্গে মিলেমিশে পরীক্ষা করতে। কিন্তু তিনি তা করেননি। আক্রমণের ছ'মাস আগে থেকেই দলে নতুন সদস্যপদ সংগ্রহ নীতিগত ভাবে বন্ধ করে দেওয়া হয়েছে। তাই স্বদেশকে সদস্যপদ দেওয়ার অনুরোধ বিপ্লবীরা রাখতে পারেন নি। অনন্ত একবার নরেশকে বলেছিল, নিজ দায়িত্বে স্বদেশকে দলে রাখতে পারেন। কিন্তু নরেশ দায়িত্ব নিতে সাহস পাননি। তাই স্বদেশকে দলে নেওয়া হলো না।

অনন্ত সিং অবশ্য স্বদেশকে ভালোভাবেই চিনত, দেবু ও নরেশের সঙ্গে প্রতিদিন গণেশের বাড়িতে যেতো। দলের অন্যান্য ছেলেদের সঙ্গেও স্বদেশের জানা-শোনা ছিল। কিন্তু হঠাৎ করে স্বদেশের আগমন কাউকে ভালো লাগলো না।

স্বদেশের অবশ্য এতে কোন দোষ ছিল না। তিনি প্রায়ই আসতো এই বাড়িতে, তখন কেবল গণেশই থাকত। আজ সে কোন মতেই ভিতরে আসতে পারতো না, যদি হরিপদ মহাজন অল্প-ক্ষণের জন্য জল খেতে না যেতেন। স্বদেশ ঘরের ভিতরে ঢুকতেই দেখলেন সকলে সৈনিকের পোশাক পড়ে আছে আর প্রত্যেকের কোমরে রিভলবার বা পিস্তল; খাটের উপর পাঁচটি দোলনা বন্দুক ও অনেক কার্তুজ খোলা পড়ে আছে। নিমেষের মধ্যে স্বদেশ ঘটনার গুরুত্ব বুঝতে পারল। কিন্তু সে ভিতরে আসায় সবার মুখে বিরক্তি ফুটে উঠেছে। অনন্ত আর গণেশ চোঁখ রোস-কসায়িত দৃষ্টিতে

হরিপদের দিকে তাকান। হরিপদ অপরাধীর মতো মাথা নত করে দাঁড়িয়ে আছে, কি করবেন ভেবে পাচ্ছেন না।

কারো মুখে কোন কথা নেই, ঘরটি একদম নিস্তব্ধ। স্বদেশ এই নিস্তব্ধ বুঝতে পেরে আর দাঁড়াতে পারছিল না। আজ সে বন্ধুদের দ্বারা পরিত্যক্ত! দুঃখে আর অভিমানে যেন ভেঙে পরছিল। তবুও তার প্রতি কারো কোন করুণা হলো না। স্বদেশ ঘরের নিস্তব্ধতা ভঙ্গ করে বলে উঠলো - "আমি এসে কি অন্যায় করলাম?" কেউ কোন উত্তর দিল না। তিনি আবারো বললেন - "আমি কি অন্যায় করেছি?" এবারও কোন প্রশ্নের উত্তর পেল না।

মনে প্রশ্ন জাগছে স্বদেশ যদি পুলিসের চর হয়, তবে কি তাকে বেঁধে রাখা প্রয়োজন। শেষ মুহূর্তে যদি এতদিনের পরিকল্পনা ব্যর্থ হয়ে যায়। এবার মনে প্রশ্ন জাগছে যদি সে পুলিশের চর নাহয়। দলের সদস্য নাইবা হলো, স্বদেশ যে আমাদের একজন বন্ধু।

এবার স্বদেশ সবার দৃষ্টি ভঙ্গি লক্ষ করে বলল - "আমি ভুল করেছি। আচ্ছা, আমি আসি!" এক পা, এক পা করে বেড়িয়ে যেতে লাগলো। তিনি গভীর বেদনা ও অপমান নিয়ে বেড়িয়ে চলে গেলো। স্বদেশ হয়ত সেদিন নিদারুণ অভিমান বুকে নিয়ে চলে যান।

এবার সময় হয়ে এসেছে বিপ্লবীদের বের হতে হবে। কেউবা গাড়ী করে কেউ হেঁটেই বেড়িয়ে পড়লেন চট্টগ্রাম অস্ত্রাগার আক্রমনের উদ্দেশ্যে। যেতে যেতে খানিক দূরে একটি ছায়ামূর্তি দেখা যাচ্ছে, সকলেই ভাবছেন হয়তো কোন পুলিসের চর টহল দিচ্ছে। কিন্তু ভালো ভাবে দেখা যাচ্ছে না। একটু ভালো করে

দেখার জন্য গাড়িটি ধীরে ধীরে চলছিল। এ কি! এ যে আমাদের স্বদেশ!

তাদের এত চেনা, এত ঘনিষ্ট বন্ধু আজ যেন সকলের কাছে সে অপরিচিত। বিপ্লবী বন্ধুরা তার দিকে তাকালেন, স্বদেশও বন্ধুদের দিকে তাকালেন। কিন্তু কেউ করো সঙ্গে কোন কথা বলল না। স্বদেশ পাথরের মতো দাড়িয়ে রইল, অন্তরে তখন তার ঝড় বইছে। কেনো তার প্রতি এত অবিচার, এত অশোভন ব্যবহার।

সেদিন স্বদেশ বন্ধুদের সমস্ত উপেক্ষা মুখ বুজে সহ্য করেছিলেন। এবার তাকে এড়িয়ে গাড়ি অতিক্রম করে চলে গেলো। সেদিন সে একদৃষ্টিতে বন্ধুদের গাড়ির দিকে তাকিয়ে রইলেন। কেউ তার মনের খবর রাখলো না।

অনন্ত সিংহের দলটি আর্মারি ও ম্যাগাজিন দখল করার পর অপেক্ষা করতে লাগলেন অম্বিকা চক্রবর্তীর। অম্বিকা চক্রবর্তী ১০ মিনিটের মধ্যে খুশির খবর নিয়ে আসবেন বলে। তাদের অভ্যর্থনা জানাতে রাস্তার দিকে চেয়ে রইলেন সকলে। সে সময় ওয়াটার-ওয়ার্কসের বাঁকে সাদা পোশাকে একজনকে আসতে দেখা গেলো। এত রাত্রে কে আসতে পারে, হয়ত ব্যারাকের কোন পুলিস। দশজন বিপ্লবী একসঙ্গে বন্দুক তুলে লক্ষ করল। দল নেতা উচ্চকন্ঠে আদেশ দিয়ে বললেন - "Hands up! Halt! Who cames there? - "হাত তোলো! দাঁড়াও! কে ওখানে? লোকটি দাঁড়িয়ে পড়লো। তারপর চিৎকার করে বলে উঠলেন - "আমি স্বদেশ -আমি স্বদেশ।" কি? একি আমাদের স্বদেশ। স্বদেশকে ভয় দেখানোর জন্য তার আশপাশ দিয়ে গুলি ছুড়তে লাগলেন। স্বদেশকে গুলি লাগবে না তা নিশ্চিত ছিল।

কিন্তু স্বদেশের সেদিকে কোনো ভ্রুক্ষেপ নাই। তারপর তিনি বন্ধুদের উদ্দেশ্যে বললেন - "যদি এখনো আমাকে সন্দেহ হয়, তবে কে আছো - সাহস করে আমাকে গুলি করো।" মুহূর্তে বিপ্লবীদের মধ্যে সাড়া পড়ে গেলো। সবাই বলছে  স্বদেশ এসেছে! স্বদেশ এসেছে! সবাই আনন্দে আত্মহারা। উচ্চকন্ঠে সকলের জয়ধ্বনি শোনা গেল - "স্বদেশ রায় কি জয়! বন্দেমাতরম!" এবার বন্ধুরা তাকে অভ্যর্থনা জানালেন, সাদরে গ্রহণ করা হলো স্বদেশ রায়কে।

কেউ রাইফেল হাতে তুলে দিলো, কেউ কার্তুজ এনে দিলেন আর কেউ পিস্তল তুলে দিলেন স্বদেশের হাতে। অনন্ত সিংহ স্বদেশের কাছে গিয়ে দু'হাতে বুকে জড়িয়ে নিলেন, সেও নিবিড়ভাবে আলিঙ্গন করলো। সে ছিল এক করুন দৃশ্য, শত প্রত্যাখ্যানের পড়েও সে বিপ্লবীদের সন্দেহ দূর করেছিল।

কিন্তু বিপ্লবীরাও ইচ্ছাকৃত ভাবে স্বদেশের প্রতি এই অন্যায় করেননি। তিনি ছিলেন একজন সত্যিকারের দেশপ্রেমিক, তা সে প্রমাণ করেছেন। স্বদেশ আগেই ব্রীচলোডার বন্দুক ব্যবহার করেছিলেন। তাই তাকে মাস্কেটি ব্যবহার করার প্রশিক্ষণ দিতে বেশি সময় লাগেনি। দু'জন বন্ধু সেখানেই তাকে মাস্কেটি চালাবার প্রশিক্ষণ দিলেন। এরপর তারা তাদের মূল উদ্দেশ্যে ফিরে যান।

১৮ই এপ্রিলের পর স্বদেশ যোগ দিলেন ২২শে এপ্রিল জালালাবাদ পাহাড়ের যুদ্ধে। ঐতিহাসিক জালালাবাদ পাহাড়ের যুদ্ধে সে অসাধারণ বীরত্ব প্রদর্শন করেছিলেন, তার তুলনা খুব কমই মেলে।

(এর পরের ইতিহাস 77 থেকে 81 পৃষ্টায়)

সেদিন রাত্রে যদি স্বদেশ বিপ্লবীদের সঙ্গ না দিয়ে চুপ করে ঘরে বসে থাকতেন, কেউ তাকে ভীরু অপবাদ দিতে সাহস পেত না। কারণ বিপ্লবীরাই তাকে দূরে ঠেলে রেখেছিল।

জালালাবাদ
থেকে
কালারপোল

**সমাপ্ত**

www.ingramcontent.com/pod-product-compliance
Lightning Source LLC
LaVergne TN
LVHW021159160826
845679LV00024B/2175
* 9 7 9 8 8 9 7 2 4 4 5 5 3 *